QUIERO RECORDAR UN POCO ATRÁS

María Francisca Méndez Rodríguez

Quiero recordar un poco atrás

Edición de

Lola Chávez Méndez

Fotografía de sobrecubierta:
© *Familia andaluza,* de Francisco Ontañón Núñez, 40 x 30 cm, ca. 1960
en Depósito de la Generalitat de Catalunya
[Colección Nacional de Fotografía]

Fotografía de colofón:
© *Las Ramblas,* de Ramón Masats, ca. 1959-1965.

Diseño y maquetación de Pedro Gozalbes
Fotografías y cartas del archivo familiar de la autora

1ª ed. *Quiero recordar un poco atrás,* mayo de 2026

C/ Esperanza de Triana, 35, local lateral, 41010, Sevilla
editorial@espacioculturalcolombre.com
www.espacioculturalcolombre.com
+34 630 230 605

ISBN: 978-84-944967-9-0
Depósito Legal: SE 1530-2026

Impreso en España por Gráficas Ulzama

PRÓLOGO

«Somos nuestra memoria,
somos ese quimérico museo de formas inconstantes,
ese montón de espejos rotos».

JORGE LUIS BORGES

ESTAS memorias pertenecen a María Francisca Méndez Rodríguez, mi tía abuela Mari, es decir, la hermana de mi abuelo materno, Manuel Méndez Rodríguez. Llegaron a mí de forma un tanto casual, cuando en un viaje a Gante, nos encontrábamos de sobremesa en el jardín de la casa de mi tía abuela conversando con su hija Brigitte Dierickx y dos de sus nietas. El viaje tenía como propósito reunir a otra de las hermanas de mi abuelo, Pepi Méndez Rodríguez (que aún vive en Écija), con su hermana Mari en Bélgica, ya que ésta última se encontraba en el hospital hacía un tiempo y probablemente fuese el último encuentro entre las hermanas, como efectivamente ocurrió.

No sé cómo surgió el tema de que yo había encontrado varios diarios de mi abuelo Manuel y, al verlos muy deteriorados, había empezado a transcribirlos a ordenador con el propósito de conservarlos. Fue entonces cuando Brigitte me dijo que su madre también tenía escritas algunas páginas que ella no lograba entender a pesar de su español fluido, porque estaban escritas en un español, o más bien, un andaluz muy oral y rudimentario. Me enseñó el cuaderno con las memorias y, al ver que eran solo unas pocas páginas, le propuse hacerle fotos y también transcribirlas a un español estándar, para que así pudiera entenderlas. Yo, por supuesto, me llevaba a cambio el gusto de conocer de primera mano un poco más de los orígenes de mi familia, tema que desde hacía un tiempo me interesaba enormemente.

Nada más empezar la lectura, quedé fascinada por lo que Mari relataba, por la brutalidad y el estilo simple y crudo que se desprendían de esas páginas. Deseé compartirlo con todos, pero Brigitte me había pedido que no lo hiciera en aquella sobremesa, por lo que dejé descansar aquel entusiasmo inicial y acabé demorando casi un año entero la transcripción de estas pocas páginas del cuaderno de mi tía abuela Mari, que su hija, Brigitte, no pudo leer antes de que su madre muriera.

Después de enterarme de su muerte, en febrero de 2024, me costó aún más retomar la transcripción hasta que finalmente en junio de ese mismo año quedaron completadas. La dificultad principal que encontré, además de las lloreras que me asaltaban a cada párrafo por lo trágico y lo tierno del relato, fue la de decidir hasta qué punto estandarizar su lenguaje. He tratado de buscar un equilibrio entre favorecer la comprensión del texto para cualquier hablante del español y mantener las expresiones locales y su estilo oral atropellado y urgente, cargado de polisíndeton, coloquialismos, falto a veces de transiciones, y que desde luego, forman una parte esencial del retrato de la autora de este libro, María Francisca Méndez Rodríguez, al igual que de aquellos que la rodeaban y del contexto socioeconómico así como de la época.

Siento una enorme satisfacción al ver al fin este texto publicado en letra impresa, trascendiendo la importancia y el significado de unas páginas de un cuaderno que van más allá de lo personal, pues la vida de Mari, contada por ella misma es seguramente la vida de muchas otras mujeres de su generación, que no pudieron acceder a los estudios, sino que se vieron obligadas desde muy pequeña a servir y trabajar. Por tanto en la publicación de este libro hay un cierto dulce regusto de revancha, una especie de venganza de clase, ya que estoy segura de que ella nunca hubiese imaginado la publicación de sus páginas por considerarlas toscas y sin valor alguno. Ella misma dice en el texto: «no es de extrañar que lo haga tan mal». Y sin embargo, una vez que Brigitte dio permiso para compartir el texto, no ha habido nadie que lo lea que se haya quedado indiferente.

Las cartas y las fotografías de los anexos las ha aportado mi tía abuela Pepi Méndez Rodríguez, quien junto a su hermana Rosario (Chari) Méndez Rodríguez, son las únicas aún vivas de todos los hermanos de mi abuelo. Desde aquí, le agradezco que se tomara el tiempo de buscar todo el material para este libro. Gracias también a Brigitte, por su generosidad, dándome acceso al texto y permiso para su publicación. Gracias a Pedro por la iniciativa de convertir el texto en un libro y toda su ayuda en el proceso. Gracias a Fran por todas las sugerencias y por implicarse en las revisiones como si el proyecto fuera suyo. Y por último, gracias infinitas a Mari, por animarse a escribir parte de su historia, la historia de una mujer pobre, el tipo de historia que demasiado a menudo queda en el olvido. Esta vez, no será así.

LOLA CHÁVEZ MÉNDEZ
Sevilla, marzo de 2025

QUIERO RECORDAR UN POCO ATRÁS

Sant Martens Latem julio 1983

Porfin ya estoi viviendo en mi Casa
cipuedo decirlo mi Casa. avido algunos dias
felises en mivida como el dia de mi boda
poregenplo aunque nosavia lo que meesperaba
fue el invierno marfrio y masmalo de mivida pero enfin nos casamos en septienbre
todavia acia buentienpo nos casamos el sabado
y nos fuimos a laplaya asta el lunes
cuando bolvimo fuimos a masore a busca
a Mª jose fue otro dia de los mas felises
de mi vida porfin latenia conmigo era
tan bonita tanchiquitita tenia dos sañitos y medio
bon papa leavia arreglado ya una cunita
bonpapa era muibueno y bon mama asi
dos cemanas despues nos ivamos a Ecija a
bicita a mi padre y mi familia mi
marido que yo estaba muiorgullosa de
presentarcelo a mi familia. avia arreglado
el Coche muibien leavia echo una
Camita detras paque Mª jose pudiera
dormi durante el viaje. teniamos que
pasa por Madri ibamos avicita a la
Madre Sagramento era la Superiora
del Conbento donde estaba o avia estado
miermana Chari un tiempo religiosa yo
le tenia que presenta a mi marido y mi
ija ellafue la que meaconsego de benirme
aqui y despues nos ecriviamos y ella cienpre
medaba Concegos yonose ci buenos o menos
buenos medecia que era megor que olbidara
al padre de Mª jose y yo lo olvide

Primera página del cuaderno manuscrito de Mari Méndez.

Sint-Martens-Latem, julio de 1983

POR fin ya estoy viviendo en mi casa, si puedo decirle mi casa. Ha habido algunos días felices en mi vida, como el día de mi boda por ejemplo, aunque no sabía lo que me esperaba. Fue el invierno más frío y más malo de mi vida pero en fin, nos casamos en septiembre. Todavía hacía buen tiempo. Nos casamos el sábado y nos fuimos a la playa hasta el lunes. Cuando volvimos fuimos a buscar a Mª. José, fue otro de los días más felices de mi vida. Por fin la tenía conmigo, era tan bonita, tan chiquitita, tenía dos añitos y medio. Bonpapa había arreglado una cunita, bonpapa era muy bueno y bonmama también. Dos semanas después, nos íbamos a Écija a visitar a mi padre y mi familia. Mi marido, que yo estaba muy orgullosa de presentárselo a mi familia, había arreglado el coche muy bien. Le había hecho una camita detrás para que Mª. José pudiera dormir durante el viaje. Teníamos que pasar por Madrid, íbamos a visitar a la madre Sacramento, era la superiora del convento donde estaba o había estado mi hermana Chari un tiempo de religiosa. Yo le tenía que presentar a mi marido y a mi hija. Ella fue la que me aconsejó venirme aquí y después nos escribimos y ella siempre me daba consejos, yo no sé si buenos o menos buenos. Me decía que olvidara al padre de Mª. José y yo lo olvidé. En realidad, muy pronto, cuando nació Mª. José, Madame Ro, que me había pedido ser su madrina, me aconsejó que le escribiera a su padre y le hiciera saber. Yo seguí su consejo y le escribí no a él, sino a Don Luis Oliveira, el gran abogado, porque el padre de Mª. José, que era abogado también, trabajaba para él y me contestó diciendo que si yo quería que me pagaba una pensión para la niña, que le tenía que mandar la prueba de que era verdaderamente suya. Esto me supo tan mal que le contesté y le dije que yo no le había pedido nada y que si él no me creía y Saba no se creía capaz de hacer un hijo, la niña era obra del Espíritu Santo, porque a mí no me había tocado nadie más que él, así que este asunto ya está terminado y así fue, aunque después lo haya arreglado, no por mí, porque yo he sido feliz con mi marido, sino por Mª. José. Yo no pensé que Mª. José fuera a sufrir más tarde, en mi inocencia, pensé que a ella le bastaría conmigo y con este padre que le había dado su nombre y la ha criado con mucho cariño como a su propia hija.

* * *

Ahora las cosas son diferentes, en los años 60 no había televisión, o sea, que empezaba solamente, pero no para todo el mundo, quiero decir que con la televisión se aprende mucho. Yo con cuarenta años no sabía más que fregar platos. Como no había ido al colegio, no podía leer ningún libro, que también así se aprende mucho. Amigas tampoco tenía muchas porque como estaba sirviendo y solo tenía una tarde libre cada quince días, o sea, que las amigas que tenía eran tan ignorantes como yo, o tan analfabetas, por decirlo más claro.

Yo quiero recordar un poco atrás, donde por ley, tendría que haber estado en el colegio, como todos los niños de ahora y algunos privilegiados de entonces pero, en una familia de doce hermanos, como nosotros, no era posible darles colegio en los años 30.

Nadie puede comprender a otra persona si no ha pasado por los mismos trances, y esto es muy difícil. Yo no me quejo, la vida me ha tratado muy mal, pero bueno, es mi vida, y me conformo.

En casa éramos ya diecisiete porque con nosotros vivía mi abuela, mamá Carmen, Vallesuca, que era una prima de mi padre que no tenía familia, y el Rubio, un chico que tampoco tenía familia y trabajaba allí por la comida, seguramente y, después mi hermana Concha, que es la mayor y nació el 11 de septiembre de 1921;

Manolo, nació el 26 de agosto de 1922; Carmela, el 12 de septiembre de 1924; Antonio, el 10 de octubre de 1925; Luis, el 28 de abril de 1927; Francisco, el 1 de mayo de 1929; Mari [yo], el 22 de febrero de 1931; Salvador, el 8 de junio de 1932; Chari, el 19 de septiembre de 1933; Merchi, el 6 de septiembre de 1936; Pepi, el 1 de noviembre de 1937; Alfonsito, el 2 de febrero de 1939.

Vivíamos en San Antón, mi padre era hortelano. Teníamos una casita pequeña, quizás no había más de dos piezas pero la vida se hacía casi todo el año en la estancia. Era grande, muy grande para mi gusto, porque había que barrerla todos los días y regarla, así como el huerto de las flores y las macetas. Allí no había ni agua corriente ni electricidad ni lavabo. Tus necesidades las hacías detrás de la casa o en la huerta detrás de un árbol y, para el agua, había un pozo, y se tenía que sacar el agua con un cubo.

Mi hermana Concha se cayó una noche, yo creo que soñando que sacaba agua. Mi padre sintió un ruido, se levantó y como no veía nada, empezó a contarnos y le faltaba uno, y yo no sé cómo pero la pudieron sacar con vida, porque no había mucha agua en el pozo. Yo me acuerdo vagamente de todo esto.

De lo que me acuerdo muy bien fue de que cuando mi hermana Pepita nació, yo tenía casi siete años, mi madre estaba en Écija, tenía una habitación con derecho a cocina. Cuando nació mi hermana Pepi, me llevaron a Écija para cuidar de ella porque mi madre vendía en la plaza las verduras que se criaban en la huerta y que uno de mis hermanos llevaba de madrugada en uno o dos mulos. El primer día que yo estaba allí, como mi madre se marchó por la mañana, como todavía era muy temprano y aún estaba oscuro, mi madre me enseñó por la ventana y me dijo: «¿Tú ves aquella casa? Allí venden jeringos (churros), cuando te levantes, le das la papilla a la niña, le cambias los pañales, y después, toma 50 céntimos y vas a comprar jeringos para ti». Y yo, como tenía tantas ganas de comer jeringos, desde que mi madre se marchó, me levanté, hice todo lo que ella me había dicho y me fui a buscar los jeringos, pero como era muy temprano, aún no estaba abierto. Yo fui preguntando de casa en casa: «¿Aquí venden jeringos?». «No». «¿Aquí venden jeringos?». «No». Y así me alejé cuatro o cinco casas, lo suficiente para que después no supiera cuál era la mía. Yo nunca había visto tantas casas juntas. En San Antón estaban todas las casas lejos unas de las otras. Menos mal que una vecina me vio y me dijo: «Pero Mari, ¿qué haces aquí tan temprano?». «Voy a buscar jeringos». «Pero chiquilla, si es muy temprano y no está abierto, anda, vente para casa y ya te diré yo cuando abran el puesto». Y así fue, y yo me harté de jeringos por primera vez.

Yo no sé cuánto tiempo duró esto, cinco o seis meses, a partir de ese tiempo, mi madre le quitaba el pecho, y el pequeño volvía a la huerta con todos los demás, y mi madre volvía a Écija otra vez sola.

Dos años después, mamá tuvo otro niño, Alfonsito, que le dieron el nombre de Alfonso XII porque hacía el hijo número doce. Alfonsito nació el 2-2-1939 y así la casa de San Antón era demasiado pequeña, y mi padre decidió venderla y alquilar una casa más grande donde pudieran trabajar todos. No tuvo suerte, la casa estaba bastante lejos de Écija, al dueño lo llamaban «el ladrón humilde», la casa era grande pero solo había sitio para los animales y solo había dos o tres habitaciones. La casa era vieja y tenía mucho terreno, había una laguna que tenía muchos mosquitos, casi todos pasamos allí las calenturas del paludismo. Yo creo que habían comprado muchos animales: cochinos, mulos, un burro, gallinas. La mudanza se hizo en un carro, todos estábamos muy entusiasmados. Para ir de San Antón a la casilla de las Culamata, que así se llamaba, teníamos que pasar por Écija. Fueron a despedirse de los padres de mi madre, mi abuela Pastora, que también tenía un puesto de verduras, mi abuelo tenía un café, y mis tíos, hermanos de mi madre, trabajaban en una huerta que tenían muy cerca de Écija y que criaban verduras y frutas que mi abuela vendía en el puesto.

La cuestión es que a mí me engañaron y cuando me di cuenta, se habían marchado todos y a mí me habían dejado allí con mis abuelos, que yo apenas los conocía. Yo lloré tanto que mi abuela abrió la puerta y me dijo: «Mira niña, o te callas o te marchas, pero a mí no me des más la lata», o sea, que no tuve más remedio que callar. El día después, me llevaron a la huerta a trabajar con la tía Valle, el tío Manolo, el tío Joaquín y la prima Inés, que también estaba allí en la huerta. Ella es la que llevaba la verdura a Écija, que la abuela vendía en la plaza, pero todo esto había que cogerlo, como los rábanos, las zanahorias, lavarlos, y las patatas, y todo el resto, que tiene mucho trabajo. Todo hay que lavarlo y el agua está muy fría en invierno. Luego, hacerlos manojitos iguales, después había acelgas, espinacas, perejil, puerro, céleri, ensalada.

Yo no sé cuánto tiempo duró esto pero cuando mi madre vino a Écija y yo la vi, yo creo que lloré tanto que no pudo dejarme otra vez y me llevó con ella a la casilla de las Culamata. Allí estaban todos mis hermanos. La casa era muy grande, había una alberca muy grande, era como una piscina, pero redonda, allí nos bañábamos todos.

Por Navidad, vino la prima Vallesuca y un hermano de mamá, yo creo que el tío Ramón. Habían matado un cochino y habían hecho pestiños. La Nochebuena comimos muy bien. Los mayores decían que era la noche del Tiento Panza y que el Tiento Panza venía por la noche y nos tocaba la barriga y decía «así todo el año», o sea, que si no comíamos esa noche, después todo el año tendríamos la barriga vacía.

Por la mañana, nos dieron una copa de anís y un pestiño. Regalos no había, de todas maneras, nunca habíamos tenido regalos, o sea, que no era ningún problema porque no sabíamos qué quería decir. Lo importante era comer pestiños, como no era más que una vez al año, pues este era el mejor regalo. Yo creo que éramos felices. Eran las primera navidades, y con toda seguridad, las últimas. Poco tiempo después, Alfonsito se puso muy enfermo, mamá y papá vieron enseguida que era la difteria, tenían que llevarlo al médico pero Écija estaba lejos. En un mulo o en un burro se fueron a Écija, cuando llegaron, ya era muy de noche, el médico les dijo que se fueran a casa y que él iría a verlo al día siguiente, pero al día siguiente, Alfonsito ya había muerto sin que mi madre hubiera podido hacer nada por él.

Lo enterraron y al día después, volvieron a la casilla y este fue el principio de las desgracias de la casilla de las Culamata. Murió Alfonsito el 7 de agosto de 1941. Cuando mamá volvió sin Alfonsito, sufrimos mucho todos porque era un niño precioso, pero la que sufrió más fue Carmela, porque era la que se ocupaba más de él. Poco tiempo después, murió Francisco, que ya estaba malo por ictericia. Francisco tenía 12 años. Carmela también estuvo bastante enferma, tuvo una pleura y yo no sé qué más. Después de todo esto, mamá cayó enferma, qué sufrimiento para una madre.

A mamá la operaron en los años 42-43, de cáncer en los intestinos, la operación fue bien, aunque el médico le dijo que la operaban a vida o muerte porque el cáncer ya estaba muy avanzado, pero se puso bien, o al menos, eso creían ella y todos. Le habían cortado un pedazo de intestino y le habían hecho un agujero en la espalda para hacer sus necesidades, yo no sé cómo se las arreglaba.

Después de un tiempo, yo no sé cuánto, mamá, que trabajaba mucho en el campo, tiraba de un burro, que son muy cabezones y no quería ir donde ella lo llevaba, la cuerda se partió y mamá cayó de espaldas justo sobre una piedra y ya no se pudo levantar. La llevaron a Écija y el calvario empezó otra vez. La Conchi, que era la mayor, se fue con ella y se instalaron en la habitación, que yo creo que aún tenía alquilada. La cosa fue de mal en peor, mamá no tenía cura. La Conchi se quedó con ella y papá iba y venía a la casilla.

En la casilla todo iba de mal en peor, perdieron todos los animales, unos muertos, y otros comidos por los lobos, que había muchos, y otros, envenenados por las serpientes. Nosotros mismos, todos habíamos pasado las calenturas del paludismo porque allí había muchas lagunas con agua llenas de mosquitos. Al principio, aún había qué comer en la casilla, pero, poco a poco, nos quedamos sin nada. Solo había olivas, pero para cogerlas estaban lejos, y había que pasar un bosque y nos daba mucho miedo porque las olivas se cogen en invierno, y se hace de noche muy pronto, o sea, siempre teníamos que pasar ese bosque de noche y sólo había caminos entre las matas y al menor ruido, ya estábamos asustados porque creíamos que nos atacaba algún animal salvaje, que había muchos, empezando por los lobos, que venían de noche a comerse las gallinas. Allí pasamos mucha hambre, el tiempo del racionamiento, que daban un bollito por persona y tenías que guardarlo para los más pequeños, mientras que los mayores íbamos a rebuscar trigo, que molíamos un poco y hacíamos «casi arroz» y si lo molíamos dos o tres veces, hacíamos como harina y con esto hacíamos «jalluelos» o migas. Otras veces, íbamos a rebuscar patatas, que se hervían con agua y sal y también estaban buenas. La hambre tiene cara de cochino y cuando no tienes otra cosa, hasta las piedras están buenas.

En la casilla yo no estuve mucho tiempo. Como mamá estaba en Écija, y enferma, nos llevaban a uno y a otro a visitarla y, cuando me llevaron a mí, yo me acuerdo como si fuera la semana pasada. Primero, mi madre estaba en la cama, estaba muy delgada, yo era muy tímida y si mi hermana Concha no me hubiera dicho «abraza a mamá», yo no lo hubiera hecho, de miedo y de respeto, pero tuve un choque tan fuerte que, después de tantos años, no se ha borrado de mi mente, sobre todo, de lo que vino después. La Concha había hecho arroz de verdad y no casi arroz, como el de la casilla. Estaban, Concha, naturalmente, Manolo, Luis y yo no sé quién más. Lo que yo vi enseguida es que aquello había sido un plan para separarme de ellos otra vez. Me decían que era mejor que fuera a vivir con el tío Currillo, que no tenía hijos, y que todos los días comían cocido con tocino y morcilla y comían pan todos los días, o sea, que al día después, yo ya estaba con mi tío Currillo, que no lo conocía siquiera.

Tenían una huerta también, como todas las familias, eran hortelanos. Mi tío estaba casado con Encarna, una señora más bien gordita pero muy buena persona. No tenían hijos pero ella tenía una hermana que murió de parto y ellos habían acogido a ese niño cuando su madre murió como si fuese su propio hijo, pero tenía cinco hermanos más, pero su padre era un borracho y mujeriego y, poco a poco, todos vinieron a parar allí, y como dice el refrán: «Al que Dios no le da hijos, el demonio le da sobrinos». Ellos ya eran siete: Lola, Manolo, Francisco, Gerardo, Mari la Cabezona y el profesor, el Pichi. Mi tío tenía un amigo que era medianero y todo lo hacían juntos. Él también estaba casado y tenía también seis hijos o siete. Le llamaban «Gasta Hierro» porque era muy bruto. La cuestión es que entre tantos hijos y tantos sobrinos tenían muchos trabajadores sin pagar un sueldo. Había que labrar la tierra, sembrar maíz, trigo. En la huerta, patatas, verduras, que la tía Encarna vendía en la plaza y todos los días la tía Encarna iba y venía andando. La huerta estaba fuera de Écija, a poco más de dos kilómetros yo creo, más o menos. Manolo, el chico, porque había dos Manolos, así que uno era Manolo el chico y el otro Manolo el grande, pues Manolo el chico, que llevaba todos los días las verduras a la plaza para que mi tía las vendiera, iba casi todos los días a ver a mi madre por encargo de mi tío Currillo. A mí no me decían nada pero estaban esperando todos los días el final que no llegaba.

Antes no se compraba la ropa hecha como ahora. Se compraba la tela y una modista venía a casa y te hacía los vestidos y así fue como la tía Encarna había traído una mujer que cosía y me hicieron un vestido negro y me habían comprado unos zapatos negros también. Un poco de tiempo después me llevaron a Écija, la primera vez desde que estaba allí. Mamá había muerto, todos estaban allí llorando, pero yo no podía llorar. Yo tenía tanto miedo que hubiera querido morirme también. Además, yo no podía reconocer a mi madre, no se le veían los ojos, estaba tan delgada que solo tenía la piel encima de los huesos. Todo el mundo lloraba y gritaba cuando se la llevaron. Los hombres la acompañaban, las mujeres se quedaban en la casa, era seguramente así antes. Después, cada uno se fue a su casa y yo volví con los tíos a la huerta porque aquella era mi casa desde hacía un tiempo.

Mi padre y mis hermanos ya no estaban en la casilla porque no podían pagar y los habían echado y cuando Mamá murió, como tampoco pagaban la habitación, les pusieron los muebles en la calle. El tío Currillo, que era donde yo estaba, les dio un chozo en la Espeñuela, un poco fuera de Écija, y allí se metieron todos y empezaron a trabajar en un cortijo, el Castillejo. Yo seguía con el tío Currillo, que tenía muy mal genio. Él tenía asma y cuando tenía un ataque, sufría mucho pero lo pagaba con todos los que estábamos allí. Yo estuve mala con una culebrina, la tenía en la espalda y casi me daba vuelta la barriga y como allí no había médico, el tío me hizo que me mirara el veterinario que venía allí por los animales y después venía todos los días porque decía que si se juntaba la cabeza con la cola de la culebra, que él decía que era una serpiente, yo me moriría. Dijo que me tenía que cortar el pelo a rape, que si no, me iba a quedar calva para siempre, así que me cortaron el pelo a rape y desde entonces, me llaman allí la Pelona. Allí habíamos tres Maris; Mari la Negra, Mari la Cabezona y yo, Mari la Pelona.

El tío Currillo hizo una casa al lado de la carretera, (que la Cabezona vive allí todavía), porque la huerta era muy pequeña. La casa tenía tres habitaciones, una para los niños, otra para las niñas y otra para ellos dos, que se comunicaba con la de las niñas. En el medio, un comedor, cocina, con una puerta que daba a la cuadra.

También en todo el largo de la casa donde estaban todos los animales había una estancia, con un pozo, una higuera y una parra, que daba muchas uvas y buena sombra en verano. Detrás de la casa, estaba la era, que en verano dormíamos allí.

En la casa no había ni electricidad ni agua, solo la del pozo. Se alumbraba de noche con carburo o con un candil de aceite y se guisaba con leña. En invierno, como no había trabajo en el campo, venía un maestro en bicicleta una hora todos los días. Tenía que pagar cincuenta céntimos por cada uno. Esto duró poco porque cuando empezó el buen tiempo, el tío dijo que se terminó la gandulería, que él no podía pagar maestro y darnos de comer, así que este fue el poco tiempo que yo tuve para aprender. No es extraño que lo haga tan mal.

Yo sabía cuando era domingo porque Manolo, el chico, tenía novia en Écija y solo el domingo por la noche podía ir a verla. Los demás solo íbamos a Écija una vez al año, por la feria. Mamá había muerto en febrero y en septiembre es la feria y mi tío nos llevó a todos a la feria, yo todavía de luto por mi madre pero no me dejaban allí sola en la casilla. Ya en la feria, el tío Currillo, la tía Encarna, Gasta Hierro y su mujer, se sentaron en una terraza a tomar un café o una cerveza, o dos, o las que fueran, y nosotras, que éramos seis niñas, teníamos que pasear toda la Calle Nueva hasta el salón y cada vez, teníamos que pasar por donde ellos estaban para que vieran que estábamos solas y no con chicos. La feria para nosotras era esto, pasear de una punta de la calle a la otra y dar una vuelta por la Plaza de España de hoy, que antes se llamaba el Salón.

En esa primera salida que habíamos hecho después de morir mamá, estábamos en el Salón todas, las tres niñas de Gasta Hierro, la Cabezona y yo, hablando con un chico que la Mari conocía y mi hermano Salvador pasó y me dio una «guantá» y me dijo: «¡cochina!, ¿no te da vergüenza?». Yo no sé por qué me dijo eso, si era por el luto de mamá, pero él también estaba allí y no obligado como yo por el tío Currillo.

Yo seguía con el tío y con toda la miseria. Un día, un caballo le dio una patada en el estómago. Yo creo que le hizo mucho daño. Por la mañana, como la tía Encarna ya se había marchado a la plaza, yo tenía que llevarle el desayuno al tío a la cama y como a mí me daba tanto respeto y tanto miedo, entré en la habitación después de mucho titubear en la puerta, le dejé allí el desayuno y salí sin preguntarle siquiera cómo estaba, ni darle un beso, que es lo que él hubiera querido. Me dijo de todo después, que era una burra, una cateta, una salvaje y cada vez que me chillaba así, después de todas las palabrotas que me decía aún me daba más miedo.

La tía Concha era otra hermana de mamá. Vivía cerca de Palma en una casa muy grande y donde trabajaba mucha gente pero en Écija tenía otra casa también con un patio muy bonito. La tía estaba viuda y con ella vivía una hermana de su marido. Estaba enferma con cáncer, o sea, cuando muriera, la otra familia heredaba todas sus pertenencias, o gran parte, así que la tía Concha se precipitó a quitarles lo más posible y a esconderlo entre la familia y recuperarlo más tarde, cuando todo hubiera pasado. Y fue así como llevó dos piezas de tela a casa del tío para que se las guardara hasta que pasara un poco el tiempo, y así fue como un tiempo después, la tía Concha, vino a visitar al tío, que estaba malo y le preguntó si no le estorbaban las tres piezas de ropa, el tío decía «¿cómo que tres?, son dos», «no, no, son tres», así discutieron y el tío las mandó a buscar y solo eran dos, pero la tía seguía diciendo que había llevado tres y cuando nosotros, que estábamos trabajando en el campo, llegamos por la noche, el tío Currillo había mandado a buscar a mi padre, le había dicho que yo era una ladrona, que le había robado un paquete de ropa a la tía Concha para dárselo a ellos, que ya no me quería allí y que iba a ir a quemarle el chozo. Yo me tuve que ir con mi padre, nadie me dijo nada y yo estaba contenta de irme de casa del tío Currillo, que era tan antipático. Allí solo había de bueno que se comía todos los días.

Cuando llegamos al chozo, quizás a dos horas de camino, mis hermanos estaban allí. Yo estaba contenta aunque de comer no había mucho o casi nada, y al otro día, nada. Yo soñaba ya con el cocido con carne y morcilla que comía en casa del tío. Ya hacía dos días que estaba allí de noche cuando cambiamos las camas y los trastos de un lado a otro porque estaba lloviendo y dentro llovía casi igual que afuera.

Era Navidad, hacía frío, estaba lloviendo, teníamos que pasar las Navidades con pan y agua y con frío. Era muy de noche cuando sentimos ruido y tocaron la puerta. Era Manolo, el chico, venía a buscarme de parte del tío Currillo, mi padre me dijo que me fuera con él y que le pidiera perdón al tío. Por el camino, yo le pregunté a Manolo el chico que qué había pasado y él me explicó lo del paquete de ropa de la tía Concha y que cuando la tía Concha había llegado a su casa y lo había contado, una de las hijas le dijo que eran dos paquetes y que el otro estaba en casa de otra familia. Entonces, mandó a alguien a casa del tío Currillo para decirlo y por eso el tío mandó a buscarme. Cuando llegamos allí, como era Navidad, estaban celebrándolo con toda la familia. Yo entré y no dije ni buenas noches, me metí en la cama y otra vez el tío me trató de burra y de salvaje. Me indignó que mi familia no hubiera tenido qué comer y ellos estuvieran allí haciendo la fiesta, y que me hubieran tratado de ladrona cuando los ladrones eran ellos, que se lo habían robado a su cuñada cuando se estaba muriendo, lo mismo que había hecho con mi madre, a ella le daba algún dinero para comprar las medicinas y mi madre le empeñaba las pocas cosas buenas que tenía como el reloj y las pocas joyas que tenía u otras cosas de valor que tuviera.

Después de esto, yo estaba peor que antes, más burra y más salvaje y más llena de desprecio por todo lo que me rodeaba. Por la noche, Gerardo me daba un poco de lección, así que aprendí un poco a leer y escribir. Gerardo era uno de los cinco sobrinos de la tía Encarna. Un día, Gerardo me dijo que le había llegado el momento de echarse novia y que si yo estaba de acuerdo, yo era la primera para él. A mí me pilló tan de sorpresa, porque para mí era como un hermano, así que desde ese día ya no hubo más lecciones por la noche y hasta nos dejamos de hablar mucho tiempo.

Por ese tiempo, mi hermano Luis se había ido a Sevilla y trabajaba con el primo José y Adela y me escribió diciendo que si quería irme a trabajar a Sevilla, me buscaría una casa para servir. Esa carta la encontró el tío Currillo y eso fue otra discusión, así que el tío llamó a mi padre para que vinieran a buscarme, que ya no me quería más en su casa. Fue mi hermana Concha la que vino a buscarme, se enfadó un poco porque el tío le dijo que yo era insoportable. Ellos habían trabajado todos, mis hermanos, y habían comprado una casa en Écija, calle Villareal, nº 4. Mi hermana me dijo que aunque habían comprado una casa, seguían con la misma miseria, solo que tenían un techo sobre la cabeza. Al día siguiente, yo ya estaba trabajando con ella y con la prima Vallesuca a lavar la remolacha, porque allí como decía mi hermano Salvador, el que no trabaja, no come. Trabajé allí muy poco tiempo, ocurrió un percance que me avergonzó mucho. Yo me encontré un paquetito en el suelo y me lo guardé en vez de preguntar quién lo había perdido. Cuando paramos a comer al mediodía, yo le dije a mi hermana y a mi prima Valle, que me dijeron de abrir el paquetito porque era muy pequeño, era un poco de tocino muy malo pero nosotras nos lo comimos, porque nosotras no llevábamos nada mejor, pero no pensamos que alguien, ese que lo había perdido, se quedaba sin comer. Así, al día siguiente, yo no fui a trabajar por vergüenza y por miedo de lo que me iban a hacer, porque eran muchos y estaban todos furiosos contra mí. Allí trabajaba de sol a sol por quince pesetas al día y en verano, hay muchas horas de sol, así que cuando llega la noche, cansada de todo el día, vas a comprar. Con quince pesetas no tienes para mucho, para comer algo esa noche y llevarte para mañana todo el día a pleno sol además, así que por mediación de una vecina, yo me fui a servir.

Era una señora, bueno, un matrimonio, tenían tres hijos y se iban a vivir al campo, muy lejos, yo creo que cerca de Palma en un cortijo y allí trabajaban hombres en el campo y todos comían allí. La señora hacía la comida, pero yo tenía que hacer todo el resto. Lo más duro era lavar la ropa por la mañana, limpiar la casa y ayudar en la cocina y fregar todo después, y por la tarde, lavar, porque entonces no había máquina de lavar como ahora y tenía que hacerlo todo a mano. Yo tenía que ganar cincuenta pesetas al mes. En ese tiempo, no se conocía ni sábados ni domingos, todos los días de la semana eran igual, de las siete de la mañana a las diez de la noche, no había reposo alguno, pero yo estaba contenta porque comía todos los días y bien. La señora me hizo uniformes, delantales y me dió un par de zapatos de ella. Yo no sé cuando era primero de mes o último aunque yo llevaba ya allí quizás dos o tres meses. Allí no se conocía el reloj ni el calendario, te guiabas por el tiempo, pero como la señora no me había pagado nunca, yo le pregunté y me contestó con un «ay, pobre, si tu padre ya ha cobrado tres meses adelantados», y me harté de llorar pero no pude hacer nada más.

Un poco de tiempo después, fuimos a Écija, era la feria. Yo tenía una infección en un pie y apenas podía andar ni dormir. Mi hermana Concha me daba baños calientes con sal en el pie para quitar la infección. La señora pasaba la semana de la feria en Écija y después volvía otra vez al campo y me dijo que si el pie no se me había curado, que ya no podía esperar y que se llevaría a otra chica. En ese tiempo no tenían problemas por un plato de comida, te conformabas con todo. Después de unos días, que el pie ya estaba mejor, volví a trabajar al campo, creo que a coger algodón. Detestaba el trabajo en el campo, es muy duro, peor que en las fábricas. Trabajan hombres y mujeres juntos, son cuadrillas de cuarenta o cincuenta personas y si tú no eres como ellos, ordinario y diciendo palabrotas, estás perdida, la toman contigo y eres el hazmerreír de todos, y esto es lo que me pasó a mí y decidí no ir más aunque me tuviera que morir de hambre.

Decidí irme a Sevilla como mi hermano me había dicho, pero el autocar valía 15 pesetas más unas alpargatas que tenía que comprarme y una bata, y todo esto me hubiera costado más de 30 pesetas y yo no tenía ni una. Así fue que hablando con la madre de Angelita, que era nuestra vecina, y Angelita era la novia de mi hermano Antonio, y más tarde, su mujer. La madre de Angelita, que se llamaba Concha, me dio una pareja de conejos pequeños, que yo iba al campo todos los días a llevarles comida y muy pronto se pusieron grandes y Concha, ella misma, me los compró para que yo pudiera comprar el billete de autocar. Yo, muy contenta, me fui a la fuente para lavarme lo poco que tenía e irme esa semana a Sevilla, pero cuando volví de la fuente, una vecina salió y me dijo: «¡Mari, Mari, los conejos están muertos!», yo corrí adentro y era verdad, estaban muertos y con ellos, todos mis planes, pero Concha entró, me vio llorando, fue al corral donde estaban los conejos, y me dijo que los conejos no estaban muertos de enfermedad, que alguien los había matado y que me daba el dinero que me había prometido y se llevó los conejos. Yo creí que había sido mi padre para que no me fuera.

Volví a la fuente, que estaba lejos y tenía que ir con un cántaro y hacer la cola, que había muy poca agua. Cuando volví de la fuente, otra vez la niña salió a mi encuentro gritando: «¡Mari! ¡Mari!, tu hermana Carmela le ha quitado los conejos a mi madre». Tiré el cántaro, que se rompió y corrí a casa. Allí estaba mi hermana Carmela cantando y los conejos ya en pedazos en el fuego cuando le pregunté «¿qué haces?» y me dijo «que los conejos no se crían en casa para que otros se los coman» y siguió cantando tan contenta. Yo me puse tan furiosa que cogí la sartén y la tiré en medio del patio. Ella, sin dejar de cantar, cogió los pedazos uno por uno y con mucha tranquilidad, los lava y los vuelve a meter en la sartén al fuego, todo esto sin decir nada y sin dejar de cantar, yo cada vez me ponía más nerviosa hasta que cogí la sartén y lo tiré todo por el váter. Fue entonces cuando dejó de cantar, me cogió por los pelos y me arrastró por todo el patio, nos pegamos las dos, yo me harté de llorar, sobre todo porque sabía que al día siguiente, en vez de irme a Sevilla, tendría que irme a trabajar otra vez al campo y no podría ganar nunca para pagarme el viaje a Sevilla, pero la madre de Angelita vino y me dijo, al verme llorar: «toma las cincuenta pesetas para el viaje y ya me las pagarás cuando tú ganes dinero en Sevilla». Yo escribí a mi hermano Luis y le dije que el domingo llegaba a Sevilla en el tren. Mi hermano fue a buscarme a la estación y me llevó a casa de la tía Carmela y el día después, la tía me llevó a casa de una señora y ya me quedé allí ganando setenta y cinco pesetas al mes y tenía libre los domingos desde las cuatro de la tarde hasta las nueve de la noche. El primer mes se lo mandé a la madre de Angelita, que me había dejado el dinero del viaje. Allí trabajé un año más o menos. Mi hermana Concha trabajaba también en Sevilla y ella me dio otro trabajo con una hermana de su señora y allí ganaba cien pesetas al mes y era en la pirotecnia militar. El señor era coronel, el Coronel Dalí se llamaba. La pirotecnia militar era una fábrica donde hacían las municiones y las armas. Allí trabajaba mucha gente que entraba por la mañana y salían a la tarde. Los militares vivían allí, aquello era muy grande. La fábrica yo creo que estaba detrás de los jardines, que eran muy bonitos. Nuestro pabellón era de los primeros, era muy grande. Allí trabajaba Carmen, que era la cocinera; María, que era la camarera principal y yo, segunda camarera. Además había un chófer. Todo el mundo que entraba o salía estaba registrado. Un día hubo un incendio o una explosión en la fábrica y enseguida cerraron las cancelas y nadie podía salir ni entrar y todas las familias que estaban fuera querían entrar y los que estábamos dentro teníamos miedo de salir. Al final todo quedó en un susto. Allí, todos teníamos el trabajo bien *marcao*, María servía la mesa y se ocupaba de los señores y el hijo mayor, que tendría dieciocho o veinte años, y tenía que ocuparse de la ropa y de las habitaciones, y yo lavaba toda la ropa de la casa y la planchaba. Además, me ocupaba de las dos niñas de ocho y diez años más o menos, limpiaba las habitaciones, preparaba los uniformes y limpiaba los zapatos y por la noche, cepillaba el pelo a las dos, que lo tenían muy largo y bonito. El ordenanza se ocupaba del señor, del correo, de los papeles, del uniforme, de las botas, todo tenía que estar impecable, también limpiaba los cristales del pabellón. El chófer llevaba las niñas al colegio, a la señora a la peluquería o a otros sitios y a la cocinera a la plaza y a la compra. Los otros ya hacía tiempo que estaban allí, yo era nueva y venía del pueblo, era una catetilla que no sabía leer ni escribir. Yo tendría dieciséis o diecisiete años, ellos eran mayores todos. Una de sus risas burlonas era porque yo no sabía comer con tenedor y cuchillo. La cocinera hacía dos comidas diferentes, la de los señores, que era más elaborada, y la nuestra, un plato de patatas guisadas con carne, pero que eran desperdicios de la carnicería, como hígado, estómago, corazón, costilla y cosas así pero no unas buenas chuletas o un buen entrecot, como era para los señores. No había postre para nosotros porque sólo había cincuenta céntimos así que como trabajábamos siete con el jardinero y el vigilante, pues una vez a la semana, te tocaban los famosos cincuenta céntimos.

Un día vino a verme Enrique, era un amigo de mi hermano. Yo nunca he pasado tanta vergüenza. Estuvo un buen rato en la cocina con todos, que como de costumbre, se reían de mí. Enrique tenía que coger el tren. En ese tiempo, nadie tenía reloj y yo no conocía la hora. Allí había en la entrada un reloj de pared grande. Enrique dice «Mari, ve a ver qué hora es, que no quiero perder el tren». Los otros se tiraron de risa y cuando Enrique preguntó a qué venían esas risas, los otros dijeron que yo no conocía la hora. Enrique dijo: «dime dónde está la aguja grande y la pequeña». Yo fui y volví con lágrimas en los ojos, que Enrique tuvo que consolarme. Enrique se fue y ya no volví a verlo más. Yo le pedí a Carmen, la cocinera, que era mayor y menos rigolona que los otros, que me aprendiera la hora y un tiempo después, yo conocía el reloj pero nunca volví a ver a Enrique para decírselo. Yo estaba tan contenta y así fue como seguí aprendiendo a leer y escribir.

Allí la señora nos obligaba a ir a misa los domingos. El chófer nos llevaba a todos a la primera misa pero nadie entraba, solo una para ver de qué color tenía la sotana el cura porque la señora a veces nos preguntaba. Yo no había ido a misa en mi vida, ni sabía lo que quería decir porque siempre habíamos vivido en el campo.

De salida, solo teníamos cada quince días y solo de las cuatro hasta las ocho de la tarde porque teníamos que estar allí para servir la cena y así, cada dos semanas, nos tocaba a una quedarse allí, porque había que servir el té a la tarde y la casa no podía quedarse sola. Cuando yo salía, solo iba a la casa de la tía Carmela, de todas maneras, no tenía mucho tiempo libre.

Un domingo, la prima Inés, estaba allí, venía de Barcelona, había estado un tiempo en casa de la tía Ana. La prima me dijo que si yo quería ir con la tía Ana, yo no la conocía pero dije que sí muy contenta. La prima escribió a la tía, que mandó el dinero para el viaje pero se lo mandó al tío Currillo, que era el hermano mayor de mi madre, donde yo había estado cuando mi madre murió. Así, yo volví a Écija para de allí salir en tren para Barcelona. Naturalmente, papá no estaba contento y yo tuve una disputa con él y para que no me fuera sola, buscó a ver quién de Écija iba para Barcelona. Supo que un militar de la Guardia Civil iba, su mujer había muerto de parto y había dejado un bebé recién nacido y él iba solo a donde tenía la familia, en Barcelona, para dejarles el bebé, así que mi padre me entregó a él y le dio la dirección de la tía Ana. El tren era el tren carreta, paraba en todas las estaciones, en todos los apeaderos. Pasaba horas parado sin saber por qué. Pasamos dos noches y casi tres días en el viaje de tren, que llegó con veinticuatro horas de retraso a Barcelona. Yo con el bebé en brazos todo el tiempo porque lo cogía el padre y se ponía a llorar. El tren iba lleno hasta los topes, no podías moverte, los asientos duros y sucios, la gente en los pasillos llenos de paquetes y de gente sentada en maletas y durmiendo en el suelo. No podías ni ir al lavabo y yo con aquel niño en brazos y sin poderme mover. Me dolía todo, las piernas, el culo, la espalda, no sé ni cómo llegamos, pero cuando llegamos, este señor cogió un taxi y fuimos a la pensión de la tía Ana, en la Rambla de las Flores. Después, la tía nos recibió con su mejor sonrisa. Yo creo que después de comer y descansar un poco, el militar se marchó con su bebé. Yo nunca volví a verlo aunque yo sé que la tía Ana me dijo que era tonta.

Al día siguiente, yo tuve la primera riña de la tía porque me había levantado tarde. La tía me dijo que no había venido para dormir sino lo contrario. «Aquí es igual que en Écija, el que no trabaja, no come». No cabía duda de que la tía Ana era hermana del tío Currillo, el mismo carácter pero quizás, aún más egoísta. De dinero no dijo nada, solo me dio instrucciones de trabajo. Por la mañana, había que levantarse a las seis, limpiar los pasillos y los baños, el comedor y la cocina y cuando los clientes se levantaban, dar los desayunos y, después, hacer las habitaciones. Los clientes se levantaban muy tarde, porque eran en su mayoría pequeños artistas de cabaret o de teatro o pacientes de la feria de muestras o de circo y solo estaban allí unos días. Me acuerdo de uno, el señor del veintiuno, le llamábamos así por el número de la habitación. Una tarde, nos dijo a una chica que trabajaba allí también y a mí que le lleváramos agua caliente, hirviendo, nos dijo. La llevamos y nos hizo una taza de café. Nosotras nos quedamos como dos tontas porque no veíamos los granos del café y esto era simplemente Nescafé. Este hombre estuvo allí quizás dos semanas. Había una feria de muestras en Barcelona y él presentaba allí el Nescafé. Eran los años cincuenta y algo. Entonces no había máquina para lavar y venía una señora que tenía un puesto en la plaza por la mañana y por la tarde venía allí a lavar. Era la señora Antonia, muy buena persona, tenía dos hijos y vivían en una barraca en Montjuic. Eran de Málaga, estaba separada del marido y emigró sola con sus dos hijos a Barcelona y dejó a su marido, que era un borracho.

La tía Ana iba todas las mañanas a la plaza con el Chinilla, un chico que había allí también y que hacía los mandados y otra chica que trabajaba allí también. María Pilar y Luisito eran los hijos de la tía Ana. Ellos estudiaban y hacían los papeles y las facturas y salían mucho. María Pilar iba a patinar, una vez, me llevó a mí. Ella tenía un novio allí que la tía Ana no podía saber porque era solo un mecánico y la tía quería un torero o un médico o en todo caso, uno de dinero. La verdad es que la niña era muy guapa. Una vez, la encerró en una habitación y le dio una buena paliza para que olvidara al mecánico pero no sucedió y, al final, se casó con él, pero yo ya no estaba allí. A la tía Ana, delante de los clientes, yo tenía que llamarla Doña Ana, nada de familiaridad. Ella hacía la cocina con el chiquillo y una que hacía un poco de cocinera y yo con la otra chica servíamos el comedor, que era una locura. Los clientes, la mayoría artistas de cabaret o teatro, como la señorita Mary o la señorita Angelita, se ganaban la vida de noche, o sea, que dormían de día y a la hora de comer, todo el mundo tenía prisa y la cocina marchaba muy mal, que si un bistec con patatas fritas, que si un par de huevos, que si una botella de vino o de gaseosa. Todo eso eran extras porque la comida era muy floja y todos se quedaban con hambre. Todo esto tenías que anotarlo enseguida antes de que se te olvidase, como decía la tía Ana, «vale más que lo escribas dos veces, a que se te olvide una», porque después lo tenías que pagar tú de las pocas propinas que te daban.

Por ese tiempo, se casó mi hermano Manolo, yo quería ir a la boda y la tía me sacó un billete en tren de ida y me dijo que si quería volver, le tenía que escribir y me mandaría el dinero para el tren. La boda de mi hermano, a la que yo iba con una ilusión enorme, fue un desastre para mí. Mientras los novios, después de la iglesia, fueron a hacer las fotos y mientras las familias y los invitados iban llegando al lugar de la fiesta, como yo venía de Barcelona, que para todos, como para mí, en aquel tiempo, era el final del mundo, así que cuando yo entré, todos empezaron a decir: «catalana, ven, toma un vaso con nosotros», y así uno y otro y otro y así un rato, no mucho, porque como no había comida y yo no estaba acostumbrada a beber otra cosa que agua, así que yo no sé cuánto tiempo duró este juego pero yo creo que muy poco porque los novios aún no estaban allí, así que la fiesta aún no había empezado y para mí ya había terminado. Mi padre se enfadó muchísimo y mandó a mi hermano Antonio a llevarme a casa. Me llevó a casa de la tía Concha, que es la que estaba más cerca. Al día siguiente, cuando me desperté, supe que todo había terminado. Yo había venido de Barcelona con toda la ilusión del mundo y no había hecho falta más que dos o tres vasos de vino para estropearlo todo. Yo me prometí ese día que nunca más volvería a marearme y hoy, cuarenta años más tarde, aún recuerdo ese día con una tristeza infinita.

Poco tiempo después, yo volví a Barcelona y con la tía Ana, no podía ser de otra manera. De aquel día de la boda nadie dijo nada y solo unos treinta años más tarde, la cuñada de mi hermano Manolo me hizo los primeros comentarios de ese día. Decía que yo iba borracha perdida, que abrazaba a todos los hombres que me ofrecían un vaso de vino barato y es posible que fuera verdad, porque en las bodas antes no se ofrecía comida, sólo bebida, y naturalmente, barata, porque nadie tenía dinero. Ella aún no me ha perdonado porque parece que ese día, yo abracé al que por entonces era su novio y esto ella todavía lo tiene en el estómago, pero puede estar tranquila porque para mí, ningún hombre vale la pena cambiarlo por el mío y mucho menos el suyo, que si cuando era joven, llamaba un poco la atención era más por el caballo que llevaba siempre, porque por lo demás, era un cateto y lo sigue siendo porque no puede ser de otra manera.

Cuando volvía a Barcelona en el tren carreta otra vez, conocí a dos chicas que iban a Barcelona por primera vez y cuando les dije que iba a casa de mi tía, que tenía un hotel, ellas me acompañaron para quedarse unos días hasta que encontraran trabajo, una de ellas se quedó a trabajar allí en el hotel, la otra encontró trabajo fuera. Esta que se quedó allí, la tía le daba fiesta los domingo a la tarde-noche, yo salía con ella cuando la tía ya dormía porque yo no podía salir. Íbamos a un baile que había cerca en la Rambla, siempre con miedo de que la tía se enterara. Así conocí a Alfonso, era un chico agradable y simpático. Yo no sabía bailar y él tampoco, así que nos sentábamos en una mesa, tomábamos una cerveza y hablábamos. Él me hablaba de su trabajo y de su familia, yo del mío. Él era policía y el cuartel estaba en la Rambla, cerca de la pensión de la tía. Estas salidas duraron poco, hasta que la tía se enteró y, después de una buena riña, me dijo que si yo volvía a salir de noche (aunque tampoco podía salir de día), me ponía en el tren a Écija y no podría volver nunca más a Barcelona. Yo volví a ver a Alfonso unos días después y le expliqué lo que me había pasado con la tía Ana. Él me dijo que en Barcelona había mucho trabajo y que yo era mayor de edad y no tenía por qué aguantar a la tía y así lo hice, y un día, cuando la tía estaba en la compra por la mañana, yo cogí mi maleta, puse cuatro trapos que tenía. Era Alfonso quien me había dicho cómo hacerlo. Él había hablado con su superior y le había explicado mi caso y me dijo que no avisaban cuando era mayor de edad pero que al marcharme, enseñara la maleta a alguien de confianza. Allí estaban mi hermana Carmela, la tía Valle, María Pilar y algún que otro cliente, como la señorita Angelita y la señorita Mari, estas vivían allí y trabajaban de noche y otras que trabajaban en el teatro como Amalia Molín, que era una cantante de cabaret y bailaora y vivía allí con su marido. Eran muy buenas personas y también la señorita Carmela, muy guapa y que tenía un amigo muy rico, don Manuel y, su chófer, don Faustino, que era el amigo de la tía Ana. Don Manuel daba fiestas de vez en cuando con champaña, buena comida y buen vino, donde la tía aprovechaba y todas las botellas que tenía por allí vacías se las apuntaba en su cuenta, y como estaba borracho, pagaba sin problema y todos terminaban en la cama.

En fin, yo había decidido marcharme. Cogí la maleta con cuatro trapos que tenía y la abrí delante de todos los que estaban allí, como la tía Valle, la hermana de la tía Ana, mi hermana Carmela, que también trabajaba allí, María Pilar, pues se pusieron delante de la puerta y no me dejaban salir, decían que hasta que no llegara la tía Ana, pero yo, que ya había decidido marcharme, las quité a todas de la puerta y pegué un portazo y me marché. Si enseñé la maleta era porque yo sabía que la tía Ana era capaz de acusarme y decir que yo le había robado. De allí me fui a Montjuic, donde vivía el tío Joaquín, pero el tío me dijo que no podía quedarme allí porque si la tía se enteraba, era capaz de ir y quemarle la casa. Me dijo que me escondería la maleta y cuando tuviera dónde ir, que fuese a buscarla y me fui. Era por la mañana, o sea, que tenía todo un día para saber qué hacer de mi vida. Yo iba con las manos en los bolsillos y los bolsillos vacíos. Montjuic es una montaña muy grande donde vivían en chabolas mucha gente emigrante, la mayoría, andaluces, y yo sabía que allí vivía la señora Antonia, que venía a la casa de la tía. Ella era muy buena y como sabía lo que yo sufría allí, me había dicho más de una vez que cuando me quisiera ir, que ella me buscaba un trabajo, o sea, que decidí buscarla, pero yo no tenía dirección, solo sabía que se llamaba Antonia, no sabía ni su apellido y así fui preguntando en todas las chozas por la señora Antonia, que lavaba ropa, era todo lo que sabía de ella. Si preguntaba, «ah, pues allí arriba hay una señora que se llama Antonia», después de subir por la montaña arriba, pues sí, se llamaba Antonia, pero no era la que yo buscaba, pero me dijo que allí abajo del todo había una mujer que lava en las casas, pero no sabía cómo se llamaba. Allá que voy yo abajo, son como dos o tres kilómetros andando por la montaña para llegar, ver que no es Antonia ni la conoce. Mientras tanto, de andar y bus, se está haciendo de noche y yo sin encontrar a Antonia y sin beber ni comer en todo el día, me dolían los pies, me dolía todo y ya estaba buscando un sitio debajo de un árbol para pasar la noche. Había pasado todo el día, montaña arriba, montaña abajo, con la sola pista de que se llamaba Antonia y que era lavandera, pero en ese tiempo, todas eran lavanderas porque no había máquinas de lavar como ahora. Yo empezaba ya a desesperar y perdida en la montaña, ya no sabía ni volver a casa del tío Joaquín y de pronto, el milagro: en unas cuerdas, había ropa tendida y vi un delantal que yo conocía. Antonia tenía un delantal igual. Llamé a la puerta y me abrió la puerta. Yo no podía hablar, me eché a llorar, ella me abrazó y después de explicarle toda la aventura de todo el día, me dio de comer patatas fritas y un huevo. Su casa se componía de una sola pieza donde lo hacían todo y habían hecho una especie de altillo para dormir. Antonia tenía dos hijos, o sea, una hija y un hijo, más o menos de mi edad y allí dormían los tres, separados los colchones por una cortina. A un lado, dormía el hijo y al otro, ella y la hija. Allí dormimos las tres esa noche y, al otro día, ella iba a hablar a una casa y me dijo que fuera con ella y que me iba a presentar a un señor que estaba buscando una chica de servicio. Fui y ya me quedé allí. La señora Antonia ya le explicó lo de mi tía Ana y que como yo me había ido, pues que seguro que no iba a hablar bien de mí pero que ella me conocía y respondía por mí, así que me dijeron que me cogían quince días de prueba y que si alguno de los dos no estábamos contentos, buscaría otro trabajo. Pero a la semana siguiente, me dijeron que si yo estaba contenta, que no hacía falta esperar los quince días, así que vino una costurera para hacerme los uniformes porque antes llevaban uniformes azules con el cuello y los puños blancos.

Yo trabajaba en la casa, que era de un matrimonio sin hijos y la madre del señor. Allí tenían una pequeña fábrica de perlas, también tenían otra en Andorra, donde iban a menudo. Las perlas las fabricaban allí y yo creo que en Andorra las vendían. Aquí trabajaban muchas chicas y los despachos también estaban allí en Barcelona, donde trabajaban por lo menos cuatro que yo me acuerde, el señor Ramón, el señor Diego, el señor Chávez y la señorita Olga, pero por la noche, todo el mundo se marchaba y si los señores estaban en Andorra, yo estaba completamente sola toda la noche con mucho miedo, mucho miedo.

Unos días más tarde, cuando los señores vinieron de Andorra, me propusieron comprar una máquina de lavar o coger otra persona que haría el lavado y la cocina y yo haría el resto. Me preguntaron qué era lo que yo prefería y yo sin pensarlo dos veces, dije «una cocinera». Yo pensé, así no estaré más sola en ese tiempo. Era muy fácil tener a alguien, solo preguntabas en la tienda y un rato después, ya tenías una persona en la puerta o varias, y así, ese día, contrataron a una señora con buenas referencias de donde había trabajado antes o al menos, eso era lo que ponía en una carta de recomendación. Era mayor que yo, al menos 10 años, entró por la mañana. La señora me encargó enseñarle la casa y el trabajo, que era la cocina y el lavado, que se hacía todo a mano, antes no había máquina de lavar pero parece que en Andorra sí, o al menos, empezaban, por eso la proposición, sin creer mucho ellos mismos que una máquina podía hacer el trabajo como una persona. Esta persona me llenó de preguntas todo el día pero como yo tenía que enseñarle su trabajo y la casa, pues me parecía todo normal, las costumbres de la casa, de la señora, del señor, si se levantaba de noche. Decía que ella dormía como un tronco y me preguntaba que cómo dormía yo. Me acuerdo de haber dicho que tenía un sueño muy pesado pero con que solo dijeran mi nombre, ya estaba despierta porque eso es lo que decía la señora por la mañana, «¡Mari!», y yo ya estaba en la cocina para hacer el café.

Como era el primer día, yo bajé como antes porque la cocina estaba abajo, y arriba el comedor y las habitaciones. Cuando bajé, encontré la cartera del señor y papeles y fotos por el suelo. Yo lo recogí y lo puse todo encima del despacho y no pensé nada o solo que al señor se le había caído y no se había dado cuenta. Cuando la señora Pepita, que era la madre del señor y era la que se ocupaba de las chicas que trabajaban en el taller, se fue arriba y le dijo al señor que enseguida bajaran diciendo que nos habían robado, que había que avisar a la Policía. No decían qué habían robado, solo hablaban de una pluma de oro y el dinero que tenía en la cartera, pero no oí decir cuánto.

La Policía empezó a interrogar a todos y en mí vieron una culpable. Yo hacía tres o cuatro semanas que estaba allí y me había escapado de casa de mi tía, o sea, que fueron a la casa, o sea, al hotel, o a la pensión en La Rambla de las Flores. Pronto volvieron y me pidieron que los acompañara a la comisaría. Allí me metieron en un cuartucho que le llaman calabozo. Allí estuve encerrada hasta la noche que vinieron y me dijeron que les acompañara, que tenía visita. Era mi hermana Carmela, todavía la veo delante mía diciendo: «¿no te da vergüenza? Si fuera yo, ya estaría fuera, ¿por qué no me dices qué has hecho con lo que has robado?». «Yo no he robado nada». Mi hermana me dio una manta y un bocadillo y se marcharon. No me acuerdo bien con quién había venido, con alguien del hotel. Cuando ya se habían marchado, me llevaron arriba subiendo muchas escaleras. Allí me encerraron en una habitación donde había dos policías que muy pronto uno me pegó una patada y me tiró al suelo. Allí siguieron dándome patadas y cogiéndome por los pelos, me arrastraron por los suelos, me ponían las manos encima de una mesa y con una tablilla me pegaban hasta saltar la sangre, solo decían: «¡Habla! ¡Di dónde o a quién le has dado lo que has robado!». «Yo no he robado nada» y seguían dándome patadas y empujones. Yo lloraba, me tapaba la cara entre las manos para protegerme de los golpes. Al final, dijo uno que parecía que era el que mandaba más «que la devuelvan al calabozo, mañana estará más charlatana, esto no es más que el principio». Y así fue, me bajaron a los sótanos, donde había una puerta con una ventanilla pequeña como toda ventilación y que solo había una piedra y un poco de paja. También estaba la manta y el bocadillo que mi hermana me había llevado, no me lo comí.

Allí pasé la noche, llamé porque quería ir al lavabo pero nadie vino, o sea, que oriné allí en el suelo, en la paja. A la mañana siguiente, vino alguien, me preguntó si quería algo sin abrir la puerta, solo por la ventanilla que había en la puerta. Yo dije «quiero salir de aquí». Pero se marchó sin decir nada más. Después, serían así como las doce de la mañana, vino otro, abrió la puerta y dijo «ale, puedes salir de aquí, coge tus cosas», o sea, la manta que había llevado mi hermana y el bocadillo, que yo no me había comido y que dejé allí también.

Me llevaron a un despacho donde había un hombre solo y me saludó dándome la mano, me dijo que le hablara, que le dijera lo que sabía, le dije que no sabía nada, me preguntó que quién pensaba yo que podía haberlo hecho, dije que no sabía, que allí trabajaba mucha gente pero que para mí eran todos buenas personas, pero que yo no los conocía bastante para hablar ni bien ni mal de nadie. Yo estaba llorando todo el tiempo y le dije que tenía ganas de morirme. Me preguntó otra vez que qué sabía yo de esto, miré alrededor mío y en una pared colgaban muchas cosas, como pistolas, cuchillos y cosas así feas. Yo estaba tan desesperada que me levanté, cogí un cuchillo y se lo di y sin parar de llorar, le dije «¡Ábreme si así me crees!». Me dio la mano y me dijo: «Levántate, puedes marcharte, a casa de los señores y si no te quieren, pues entonces, a casa de tu tía». «No, allí no vuelvo más». «Tú misma, tu tía te espera». Claro, eso es lo que ella hubiera querido, que yo volviera con ella y le pidiera perdón por haberme ido pero no, volví allí donde estaba y que no tenía otro sitio a donde ir, y me recibieron muy bien, diciéndome que no sabían nada y que pensaban que yo me había ido con mi tía. En seguida llamaron al médico, que propuso fotografiar todos los moratones que yo tenía en todo el cuerpo porque decía que no hay derecho a lo que me habían hecho, pero yo no quise, yo solo quería que me dejaran tranquila, así que me encerré en mi habitación hasta el otro día en que me levanté.

Hice mi trabajo como todos los días, pero la cocinera, que había entrado el día de antes, no estaba. Pregunté y me dijeron que no sabían si volvería pero que la Policía la estaba interrogando. La cuestión es que nunca volvió, yo estuve allí bastante tiempo.

Después me fui, encontré otra casa donde ganaba un poco más. En ese tiempo, no tenía problema para encontrar trabajo, pagaban muy poco y todos los jóvenes venían de los pueblos a Barcelona, sobre todo de Andalucía, donde había mucha miseria y solo había el trabajo del campo, que yo detestaba.

Me fui a trabajar a la Costa Brava, a un hotel. Me pagaban quinientas pesetas, casi el doble que en Barcelona. Trabajaba mucho, muchísimo, por la mañana, hacer todas las habitaciones y por la tarde, lavar y a mano, que no había máquina todavía, y en pleno sol, en la azotea, y eran piezas grandes como las sábanas y las toallas de baño, me costaba mucho estrujarlas y después planchar. Allí conocí a mucha gente, sobre todo a extranjeros, clientes del hotel que me decían que por qué no me iba a Francia, que ganaría mucho más y no sería un trabajo tan duro como en el hotel. En Francia había máquina para lavar la ropa, incluso para planchar, a mí me daba la risa, yo decía «¿cómo va a haber máquinas que laven y planchen?, entonces, ¿para qué me iban a pagar a mí, si la máquina puede hacer mi trabajo?». En fin, aunque yo no me creía esta historia de las máquinas, yo empecé a soñar con irme al extranjero, como si fuera tan fácil, y por qué no, si los extranjeros venían aquí, por qué yo no podía ir al extranjero, pues por la sencilla razón de que los extranjeros eran los ricos que podían viajar, llevaban coches y vestidos bonitos, pero de todas maneras, yo no dejaba de soñar con el extranjero, que para mí era todo igual: Francia, Bélgica, Holanda o la misma China. Solo venir a Barcelona era ya el extranjero para mí porque yo no entendía hablar el catalán, entonces, qué más da un poco más lejos o más cerca.

Cuando terminó la temporada del hotel, volví a Barcelona, naturalmente tuve que buscar otra casa para trabajar porque yo no tenía dónde vivir. Después buscar una agencia para saber qué tenía que hacer para irme a trabajar al extranjero. Claro, lo primero, es tener un pasaporte y después un visado para poder salir de España, la cosa no era tan fácil, necesitaba la partida de nacimiento y el permiso de mi padre, que si ya se había enfadado tanto cuando dije que me iba a Barcelona, y eso que me iba a trabajar con la tía Ana... En fin, me costó más de un año tener los papeles para salir de España, pero ahora necesitaba un contrato de trabajo. Así, con la misma agencia, volví a la Costa Brava, a Cadaqués, con unos señores belgas que pasaban todos los años un mes de vacaciones. Yo trabajé el año anterior con ellos y ellos me hicieron el primer contrato, pero en todo este tiempo que tardé en poder arreglar los papeles para salir de España, estuve un tiempo sin trabajo y vivía con una señora que era de Sevilla pero vivía en Barcelona, donde tenía una casa y alquilaba habitaciones. El marido tenía problemas con la Policía y estaba en la cárcel, o sea, que la mujer tenía un abogado y venía allí e iba con ella a la cárcel, si no, no se lo dejaban ver. Yo la acompañaba a ella muchas veces y fue así como yo conocí a José Saba Isern, que no es otro que este abogado y después, padre de Mª. José.

Como los papeles tardaban en tener un visado para poder salir de España pues me fui a pasar unos días a Écija y despedirme de mi padre y mis hermanos y fue allí donde recibí una postal diciéndome que me echaba mucho de menos y que volviera pronto a Barcelona y así empezó nuestra relación. Yo me puse a trabajar otra vez y llegando el verano, me fui otra vez a la Costa Brava, a Cadaqués, con la señora que ya conocía. Allí en Cadaqués, conocí a un médico, la mujer y dos hijas y me dijeron que si quería ir a trabajar con ellos, que ellos me arreglaban los papeles. Les dije que sí pero cuando le dije a la Madame con la que yo estaba trabajando, me dijo que si yo quería ir a Bélgica, que me fuera con ellos, que me darían las mismas condiciones. Así dejé al médico y acepté ir con ellos, que yo pensé que ya los conocía y estaba contenta, pero no era para trabajar con ellos, sino con su hermana, Madame Ankar, que vivía en Latem y así fue como yo vine aquí, a Sint-Martens-Latem, en diciembre de 1957.

En cuanto al viaje, yo no sé cómo lo hice. Hoy creo que no sería capaz de hacer un viaje así sola. Vine en el tren, Saba me acompañó hasta la frontera. Allí cogí un tren hasta París. En París tenía que ir de la Estación del Norte a la de Austerlitz, en la otra punta de París. Todo esto en el metro, todo esto sin dinero y sin saber francés. Yo llevaba billete de tren hasta Bruselas. Cogí un tren hasta Gante. En el tren no me pidieron billete, pero al salir de la estación, te pedían el billete. Yo no tenía, me hice la tonta enseñando el pasaporte y el visado pero el controlador «no, no, ticket», «no comprendo» pero yo sabía bien lo que quería decir «ticket» y así, cuando cuando vi que estaba un poco distraído con otro viajero, cogí la maleta y me escapé. Me fui a la sala de espera. Había dos bancos muy grandes. Me senté allí en un rincón con mi maleta y después de un buen rato, me dije «bueno, y ahora qué, aquí nadie va a venir a buscarme». Yo no tenía que llegar a Bruselas hasta el día después y allí Madame Ankar me estaría esperando en la estación, pero como yo había venido un día antes y me había ido a Gante, nadie sabía que yo estaba allí. «Y ahora qué hago, no voy a dormir aquí». Salí, mucha gente pero todos hablando un idioma del que yo no comprendía una sola palabra. Leí «Poli», yo me dije «esto debe ser la Policía» y allí me fui. Me costó mucho trabajo explicar que venía de Barcelona y que tenía trabajo pero que no sabía la dirección. Empecé a buscar en la maleta y encontré el nombre de la señora, Madame Ankar. Él buscó en el listín telefónico, llamó. Sí era ella, me dijo por señas que esperara, poco más pudimos hablar. Un poco después Madame estaba allí, tampoco pudimos hablar mucho porque ella no sabía una palabra de español y yo tampoco de francés, pero en fin, yo estuve contenta porque al menos me libraba de dormir en el banco de la sala de espera.

Llegamos a la casa aquí en Sint-Martens-Latem. No había nadie, solo dos perros, un pastor alemán muy bonito y un perro salchicha muy simpático. La señora, después de presentarme a los perros, me dijo que se iba, que no cogiera el teléfono si sonaba y que me fuera a dormir. Después de enseñarme la casa, muy grande, se fue. Me dijo que encontraría qué comer en la nevera. Así lo hice y después me fui arriba a la habitación que ella me había dicho como la mía, ni bonita ni fea pero al menos, estaba caliente y al lado, había un cuarto de baño completo. Llené el baño de agua bien caliente y me relajé durante un buen rato y me fui a la cama. A la mañana siguiente, me levanté de buena mañana. Me hice amiga de los perros muy pronto, Gini y Brandi. Un poco después, bajó la señora, intentaba hablar conmigo pero no había manera. Pronto llegó otra persona que trabajaba allí. Entre las dos, intentaron explicarme que ella era la cocinera y que yo tenía que hacer el resto de la casa.

Ya hacía unos quince días que estaba allí cuando vino Michel, una sobrina de la señora, que ya había trabajado con ellos en la Costa Brava, en Cadaqués. Ella hablaba un poco de español, así pudimos hablar un poco y la señora sabía un poco de mí. La cocinera se llamaba Ana, andaría cerca de los sesenta años, estaba casada y su marido se llamaba Luis. No tenían hijos pero habían tenido uno que murió al nacer y que tendría que tener mi edad más o menos. La cuestión es que me acogieron como si yo fuera ese hijo resucitado, yo era un ángel caído del cielo para ellos. Yo aprendí todo con ella y sobre todo a hablar francés en muy poco tiempo. Ana era muy inteligente. Luis era un perico de repetición. Si Ana decía que yo era un ángel, yo era un ángel para Luis, pero si Ana decía que yo era un diablo, yo era lo peor del mundo pero como yo era un ángel para Ana, Luis repetía lo mismo: todo lo que Ana decía. Luis no hablaba francés y solo repetía lo que Ana decía. Tenían una casa muy pequeña, solo dos piezas, la habitación de ellos y el comedor con el fuego de carbón, una mesa, un sofá donde yo dormía porque los domingos me quedaba allí a dormir y comer con ellos. De todas maneras, yo no tenía dónde ir y así con Ana, aprendía más pronto y más fácil el francés.

Desde el primer día aquí, el cartero venía todos los días con cartas o postales de Saba, el padre de Mª. José, pidiéndome que volviera, pero yo no quería volver porque aquí ganaba mucho más que allí. Tres meses después de estar aquí, vino a buscarme, decía que Barcelona era un cementerio y que no podía vivir así, pero yo dije que tenía que cumplir el contrato que tenía, y con ese dinero podríamos comprar, o al menos, alquilar, que con lo que yo ganaba allí, no podíamos y él no tenía sueldo. Don Luis Olivera le daba lo que le parecía. Hasta que un día me cansé y le dije a la señora que me iba y volví a Barcelona. Le escribí a Saba y le dije cuándo llegaba, me contestó y me dijo que vendría a la frontera a esperarme, pero cuando llegué, no estaba allí. Pensé «estará en Gerona», pero tampoco, así que seguí el viaje sola como había venido. Pero en Barcelona, como no tenía dónde ir, fui a casa de esta amiga que fue donde yo lo conocí porque ella tenía el marido en la cárcel y cuando yo llegué, estaban tranquilos, comiendo con el marido y el hijo y el que vivía con ellos, así que yo dejé la maleta allí y me fui a buscar trabajo, que no había problema, solo que en vez de cinco mil pesetas, ganaba quinientas. Aquí, en Sint-Martens-Latem, se ganaba más y con el cambio de la peseta, pues era formidable. O sea, que yo después de ganar tanto aquí, no me conformaba.

Empecé a trabajar en una peluquería, pero en una casa. Estuve unos meses allí y en verano, volví a la Costa Brava con la señora que había estado aquí, o sea, con su hermana, Madame de Sellie. Como los padres de Saba eran de Palamós, en Costa Brava, venía a verme a Cadaqués, donde yo trabajaba y allí fue donde yo me quedé embarazada. Después de un mes, ellos se marcharon a Bélgica y yo a Barcelona y otra vez lo mismo: buscar trabajo y me di cuenta de que estaba embarazada porque no tenía la regla. «¡Cómo es posible! No me lo puedo creer», y pensé que era solo un retraso. Fui a la farmacia, a ver si me daban algo, pero me dijeron que no podían darme nada y que tenía que ir al médico y que me diese una receta pero yo no fui. Tenía miedo y quería creer que solo era un retraso. Esperé una semana y otra y nada. Decidí decírselo a Saba, yo lo llamaba así, por su apellido, pero él no solucionó nada. Su familia era de Palamós y como trabajaba en Barcelona, alquilaba una habitación con un váter y una ducha en el pasillo y comía todos los días de restaurante, o sea, que no ganaba ni para él, cómo podía tener una mujer y un crío. Su familia no me quería porque yo era una simple sirvienta, él era un señor abogado así que lo único que me proponía era que yo alquilara una habitación como la que él tenía, que para mí era imposible, yo no ganaba para poder pagar un alquiler y además, cuando yo empezase a engordar y naciese la criatura, qué iba a hacer, en ningún sitio me querrían, tenía que hacer algo antes de que se me notara.

Un día, decidimos ir a conocer a su madre, quedamos para ir el domingo y yo me puse muy guapa y compré un regalo para su madre. El domingo nos teníamos que encontrar en la estación a las siete porque teníamos que ir pronto y volver a la noche. Yo estaba en la estación media hora antes y Saba no llegaba. Habíamos quedado en el quiosco pero ni en el quiosco ni en ningún sitio y el tren se marchó y Saba que no llegaba. Diez minutos, cinco minutos y el tren pita y sale y entonces Saba llega corriendo, me coge por un brazo sacándome de la estación y diciéndome que por qué había ido tan tarde, que ya no podíamos ir. Yo me di cuenta que él no quería ir y estuvo escondido por allí hasta que el tren se marchó y le tiré el regalo a los pies y me marché sola. Después volví a la estación, cogí un tren y me fui a Figaró, donde estaba mi hermana Mercedes veraneando con los señores. Allí pasé el día y a la noche, volví a mi trabajo.

El día después, Saba me mandó un ramo de flores y una postal pidiéndome perdón, así lo arreglaba todo cada vez que discutíamos. Ya me dijo claramente que su madre no iba a consentir nunca pero que él me quería y que tuviera paciencia, pero cómo voy a hacerlo si no puedo trabajar. Tenía que hacer algo antes de empezar a engordar. La madre Sacramento me había propuesto irme lejos del padre, me dijo de irme a Madrid, a su convento, allí yo tendría la criatura y podría marcharme con el bebé o marchar sola pero después no sabría nunca más porque el bebé sería dado en adopción y tenía que firmar que lo abandonaba. Yo me dije que no iba a ser capaz de firmar tal cosa y, después de mucho llorar y mucho pensar, decidí volver a Bélgica.

* * *

El domingo me encontré con mis hermanas Merchi y Mari en la Plaza Real en Barcelona, como casi siempre, tomábamos una cerveza, Saba vino también. Yo ya tenía el billete para marcharme a Bélgica, pero no dije nada a nadie y desde París escribí una carta a Saba y le dije que me había ido a Francia y que no se preocupara por mí.

EPÍLOGO

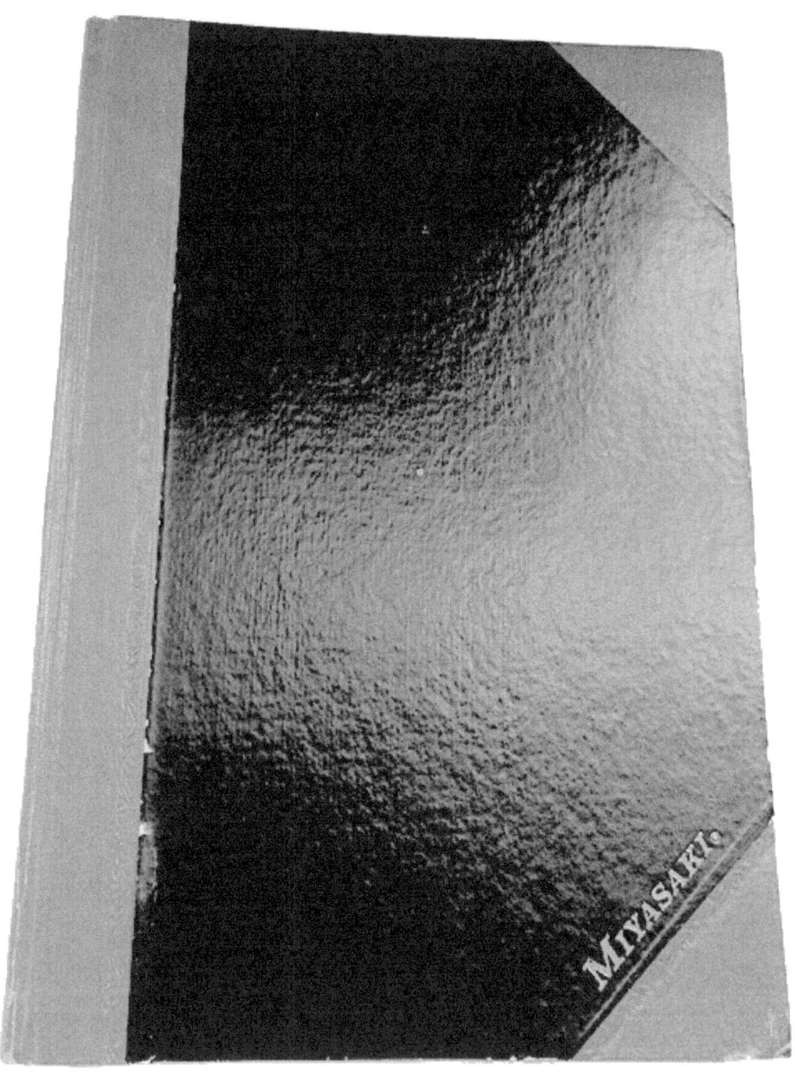

Cuaderno Miyasaki donde estaban guardadas estas memorias de la Tía Mari.

En este punto se interrumpe el manuscrito de las memorias de la tía Mari. El cuaderno apenas consta de unas pocas páginas y tras estas, no hemos encontrado ningún otro texto que le dé continuidad a la historia de su vida a excepción de las cartas incluidas en el apéndice. Desconocemos por qué no continuó escribiendo.

Tras su marcha definitiva a Bélgica, Mari siguió trabajando sirviendo a los señores con los que viajó y tuvo a su primera hija, María José Dierickx. Conoció al que luego sería su marido, Antoon Dierickx, un veterano de la Segunda Guerra Mundial con el que compartiría el resto de su vida y con quien tendría a su segunda hija, Brigitte Dierickx.

Los padres de Antoon tenían una tienda de venta y reparación de bicicletas. Allí trabajaba él. Los primeros años de matrimonio los compartieron en un pequeño piso situado justo encima de la tienda, en Sint-Martens-Latem. En la misma localidad, más tarde, compraron un terreno donde, poco a poco, fueron construyendo la casa en la que vivirían el resto de sus vidas. Era esta la misma cada donde Mari acogía a su familia española en las visitas, y era la misma casa en cuyo jardín tuvo lugar la sobremesa que dio origen a la edición de este libro, con el que salvaguardar su memoria.

En el momento de esta publicación, de la familia de los hermanos Méndez Rodríguez, están presentes Rosario (Chari) y Josefa (Pepi). Esta última ha sido quien ha aportado las cartas que a continuación reproducimos y muchas de las fotos que también forman parte del apéndice, donde tratamos de ofrecer un poco más de material a fin de cerrar de una manera más suave y natural la repentina interrupción del manuscrito de estas memorias de María Francisca Méndez Rodríguez.

APÉNDICE

Retrato de la familia hacia 1930, donde Mari aparece justo delante de su padre.

Foto de su boda con Antoon en Sint-Martens-Latem, el 8 de septiembre de 1962, con la que da lugar el comienzo del relato de su vida.

Arriba foto tomada en 1978 con su hermano Manuel en una de sus visitas a Bélgica (Sint-Martens-Latem).

Mari, en 1970, con sus hijas Mª José y Brigitte en la casa junto a la tienda que luego tendría con su marido Antoon.

Vacaciones de 1968 en familia con trabajo, pues su jefe tenía una casa en Méribel, Francia. En la foto aparece ella en el centro junto a sus dos hijas Mª José y Brigitte.

Retrato de la autora del libro en una de sus visitas a Écija (Sevilla), en 2017.

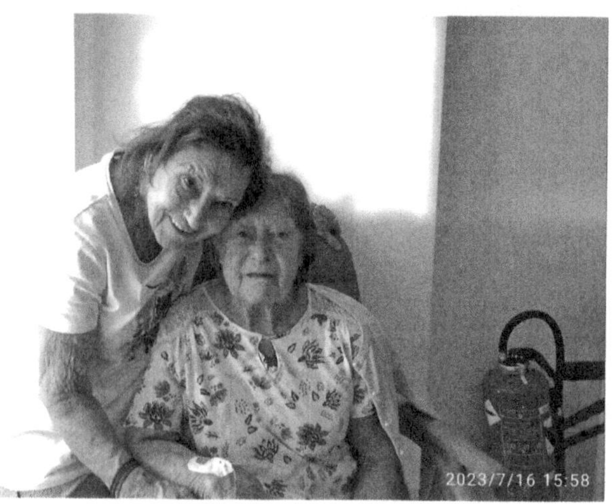

Fotografía de la autora, sentada en la habitación del hospital junto a su hermana Pepi, que posa junto a ella. Esta foto fue tomada justo en el viaje y estancia que dio lugar a la primera transcripción de las memorias en julio 2023.

Foto en el hospital durante el viaje. Sentadas: Pepi y Mari, la autora de estas memorias. De pie, también de izquierda a derecha acompañan Lola Chávez Méndez y su hermana Lucía.

Foto en la casa de Mari, justo en la sobremesa que dio lugar a este libro. De izquierda a derecha, Lola (sobrina nieta de Mari), Brigitte (hija de Mari), Bárbara y Eva (nietas de Mari), Pepi (hermana de Mari), Lola (sobrina de Mari) y Lucía (sobrina nieta de Mari).

1 Cartagena 25 7 58
mi vida

Pepi mi deseo esque al
resivo de esta estés bien en
union de papa y nuestros
hermano que por la foto
veo que estáis mui bien todos
menos tu que ti as cortado el
pelo y estabas muncho mas
guapa con el pelo largo ya
tu lo abras dicho mas de
uno me dises que Salva no
te escribe no te preocupe ya
te escribira debe tene muncho
travajo por que a mi tan-
poco me escribe ahora todo
los dia como antes pues
aun que tu me dijas que se
te abra [illegible] yo no se
los [illegible] ni [illegible] meno
[illegible] si le dije lo mismo
que a ti que no abria
[illegible] que lo [illegible] todo los
dias lo [illegible] por ti pepi
pues en los pueblo no basta
se bueno si no que aparentarlo
pues las gente son mui malo
y mui [illegible] y ahora
me pides un consejo y traes
[illegible] si me caso caso
no te [illegible] cuando

2 La marchi en peso
si com Lorenso le digo. yo
en tu lugar no me [illegible]
con el ser al Colegio que
ahora tienes la ocasion [illegible]
que muncha falta [illegible] te
te enseñara y dios tu
destino por muchas bueltas que
de el mundo al final lo
en contrara no me iso caso
y me dijo que ella no tenia
ganas del colegio y que dijo
tenia novio
tan bien [illegible] tiempo ella
estos dia que e estado
en Barcelona me llamo y
me dijo que queria ablar con
migo el sabado un dia y pedir-
me que sea [illegible] de no
aberme echo caso que es-
taba cansado de lo [illegible] y
que le buscara un colegio
para [illegible] cuando [illegible]
[illegible]
a ti no me hace falta que te
diga nada mas tu eres
una mugercita inteli-
gente y saber muy
bien lo que tienes que
hacer [illegible] a
[illegible] que todo [illegible]
coze [illegible] una mugere de tu caso

CARTA 1

Cadaqués, 25-7-58

Pepi, mi deseo es que al recibo de esta, estés bien, en unión de papá y nuestros hermanos, que por la foto veo que estáis muy bien todos menos tú, que te has cortado el pelo y estabas mucho más guapa con el pelo largo, ya te lo habrá dicho más de uno.

Me dices que Saba no te escribe, no te preocupes, ya te escribirá, debe tener mucho trabajo porque a mí tampoco me escribe ahora todos los días como antes pues aunque tú me digas que se lo había prohibido, yo no se lo he prohibido ni muchísimo menos pero sí le dije lo mismo que a ti, que no había merecido que lo hiciera todos los días. Lo hice por ti Pepi, pues en los pueblos no basta ser bueno, hay que aparentarlo pues la gente son muy mala y muy habladora y ahora me pides un consejo y voy a dártelo, si me haces caso, no te arrepentirás. Cuando la Merchi empezó con Lorenzo, le dije: «yo en tu lugar, no me arrebujaría con él, ve al colegio, que ahora tienes la ocasión y te hace mucha falta, si él te quiere, te esperará, y si es tu destino, por muchas vueltas que dé el mundo, al final lo encontrarás». No me hizo caso y me dijo que ella no tenía ganas de colegio y que si yo tenía novio, también podía tenerlo ella.

Estos días que he estado en Barcelona, me llamó, me dijo que quería hablar conmigo. Salimos un día y me dijo que se arrepentía de no haberme hecho caso, que estaba cansada de Lorenzo y que le buscara un colegio para cuando viniera en verano.

A ti no te hace falta que te diga nada más, tú eres una mujercita inteligente y sabrás bien lo que tienes que hacer. De momento, aprende, aprende de todo, leer, escribir y ser una mujer de tu casa.

Latin Sanmartin a 6.2.60

mi querida Pepi e resivido tu carta con
gran alegria y sorpresa y es que yo no sabia
que tu esperabas un bebe y tan poco que tu supi
eras que yo estoi igual que tu era algo que yo
queria lleba oculto pero dise el reflan y es ber
da que entre el sielo y la tierra no ai nada oculto
y ya beo que es berdad seguramente que ya lo
sabran las prima y en la capilla y todo
Cuja pero ahora ya no me inporta asta que e
sufrido mucho y se no e echo un disparate
gordo asido por que no e tenido balo para asido
pero creo que encluso lo e intentado mas de una be
pero grasias a dios e de gado de llora para rei
no me considero desgrasiada enausoluto y creo
que soi felis estate que bas aser madre igual que
yo debes comprende lo que esto sinifica yo
todo lo e perdonado y lo e olvidado y solo
pienso en este hijo que dios me ba a da
solo llebo a qui dos mese y me gustaria que
vieras la ropa que tengo para el pequeño y
no me e gastado ni sinco pero estoi segu
ra que un niño rico de España no lleba
tanta ni mejor ropita que llebara
el mio que le mas pruebo pedile a dios de
pues que tanto le ofendi

me dises que no te encuentras mas vien esto si que lo siento y debes cuidarte por ti y por el pequeño. yo gracias a dios nunca estube mejor ni de salud ni de guapa y no nesesito agüela a qui todo el que me conose y aun no lo sabe me disen que estoi mas joben y mejor que la otra bes que estube a qui que como lo e echo y yo le contesto en español por que asi no me con prenden que ocurra, tu me dises que esperas para finales de marzo yo un poco mas tarde segun mi cuenta seria para junio pero el medico me a dicho que sera para finales de mallo. osea que a qui me tienes igual que tu seguramente deseando y temiendo que pase el tiempo.

de Sabat no se nada yo no esperaba este fina de el pero ya bes que donde menos se piensa salta la liebre a mi me parese que tu deberias escribirle con el permiso de tu marido desde luego y desirle que este con portamiento no lo esperabas tu de el que se a portado como un mal gañan y no como un señor abogado pidele que te conteste

CARTA 2

Sint-Martens-Latem, 6-4-60

Mi querida Pepi, he recibido tu carta con gran alegría y sorpresa y es que no sabía que tú esperabas un bebé y tampoco que tú supieras que yo estoy igual que tú. Era algo que yo quería llevar oculto pero dice el refrán y es verdad que entre el cielo y la tierra no hay nada oculto, y ya veo que es verdad. Seguramente ya lo sabrán las primas y en la casilla y todo Écija pero ahora ya no me importa. Hasta aquí he sufrido mucho y si no he hecho un disparate gordo, ha sido porque no he tenido valor para hacerlo, pero creo que incluso lo he intentado más de una vez, pero gracias a Dios, he dejado de llorar para reír. No me considero desgraciada en absoluto y creo que soy feliz. Vas a ser madre igual que yo, debes comprender lo que esto significa, yo todo lo he perdonado y lo he olvidado y solo pienso en este hijo que Dios me va a dar. Solo llevo aquí dos meses y me gustaría que vieras el ajuar que tengo para el pequeño, yo no me he gastado ni cinco pero estoy segura que un niño rico de España no lleva tanta ni mejor ropita que llevará el mío, que más puedo pedirle a Dios después que tanto le ofendí.

Me dices que no te encuentras bien, esto sí que lo siento y debes cuidarte, por ti y por el pequeño. Yo, gracias a Dios, nunca estuve mejor, ni de salud ni de guapa y no necesito abuela, aquí todo el que me conoce y aún no lo sabe, me dicen que estoy más joven y mejor que la otra vez que estuve aquí, que cómo lo he hecho y yo les contesto en español porque así no me comprenden qué ocurre.

Tú me dices que esperar para finales de marzo, yo un poco más tarde según mi cuenta, sería para junio, pero el médico me ha dicho que será para finales de mayo, o sea, que aquí me tienes seguramente igual que tú, deseando y temiendo que pase el tiempo.

De Saba no sé nada, yo no esperaba este final de él pero ya ves que donde menos se piensa, salta la liebre. A mí me parece que tú deberías escribirle, con el permiso de tu marido desde luego y decirle que este comportamiento no lo esperabas tú de él, que se ha portado como un mal gañán y no como un señor abogado. Pídele que te conteste.

San martin Laathen a 12. 4' 60

mi querida pepi a cabo de resivir tu carta y como justa mente iba a echa la de la conchi a provecho para contestarte por que si no me ba a pasa igual que que a ti no te pueo culpar pepi cuando no puedas escrivirme si que el pequeño te dara muncho trabajo y sobre todo si es un poco lloron yo aun estoi mui vien y para mi cuenta solo me faltan cuatro dia pero yo creo que ciempre viene con ocho o diez dia de retraso de todas manera ya volvere a escrivirte asta anunciarte lo que sea y aora te dejo por que boi a la clinica y de paso echare la carta un beso al pequeño recuerdo a Paulino y tu resibes el cariño de tu hermana

mari

CARTA 3

Sint-Martens-Latem, 12-4-60

Mi querida Pepi, acabo de recibir tu carta y como justamente iba a echar la de la Concha, aprovecho para contestarte porque si no me va a pasar igual que a ti. No te preocupes Pepi cuando no puedas escribirme, sé que el pequeño te dará mucho trabajo y sobre todo, si es un poco llorón. Yo aún estoy muy bien, y para mis cuentas, solo me faltan cuatro días, pero yo creo que siempre vienen con ocho o diez días de retraso. De todas maneras, ya no volveré a escribirte hasta anunciarte lo que sea y ahora te dejo porque voy a la clínica y de paso, echaré la carta.

Un beso al pequeño, recuerdos a Paulino y tú recibe el cariño de tu hermana Mari.

gracias a Dios di con unos señores buenisi
mo que una madre no ubiera echo mas
de lo que a echo mi señora ella es
la madrina y Alois el marido de mi
amiga ~~padrino~~ la madrina le a regalado a la
niña una cadena y un escapulario de oro
que es una maravilla y el padrino
una cartilla de ahorro con dos mil pesetas
me parese que no puedo quejarme de
ellos no eres quien son los padrino de
Paulino.

atodo esto aun no te digo la
contestacion de la segunda carta de chari
pero se be que fue abla con el
padre con la religiosas con Salba y
y nose quien mas pero me escrivio una
carta furiosa que de poco la mando a
la eme m.

Pepi y porsi ya te esplico
bastante bastante mas que tu a mi quiero
desi. muchos recuerdo a Paulino
beso al pequeño a papa Conchi ~~Pepi~~
el Salba pastori y los niño y dime de
las niña de la prima balle como a
ido todo esto

Y tu mi querida Pepi
resibes el cariño de tu
hermana Mari

CARTA 4

[Sin fecha]

Gracias a Dios, con mis señores, buenísimos, que una madre no hubiera hecho más de lo que ha hecho mi señora, ella es la madrina y Alois, el marido de mi amiga, padrino. La madrina le ha regalado a la niña una cadena y un escapulario de oro que es una maravilla, y el padrino, una cartilla de ahorros con dos mil pesetas. Me parece que no puedo quejarme de ellos. No sé quiénes son los padrinos de Paulino.

A todo esto, aún no te digo la contestación de la segunda carta de Chari pero se ve que fue a hablar con el padre, con las religiosas, con Saba y no sé quién más, pero me escribió una carta furiosa, que de poco la mando a la m.

Pepi, y por hoy, ya te explico bastante, bastante más que tú a mí quiero decir. Muchos recuerdos a Paulino, besos al pequeño, a papá, Conchi, el Salva, Pastori y los niños y dime de las niñas de la prima Valle, cómo ha ido todo eso. Y tú mi querida Pepi, recibe el cariño de tu hermana Mari.

Belgica .23 . 8 . 61.

i queridos hermanos y sovrino espero que
se encontréis vien como esmidereso yo vien
ia. a dios, pepi si eresivido la tuya y
egida licontesté comoves, me dices pepi que tu
ido despues de la feria se ira a Barcelona
ber si secoloca con Lui. o con higinio. yo
stado en la fabrica donde está Lui y creo
o es citio para bosotros aquello es casi enternarse
ida el pobre Lui tiene cieté yo pero bosotros
notineis mas que dos y podeis procura algo
e donde está Lui espera ir viviendo cin
ice de anbre pero cin piensa en prosperaciones
omoi a proponer algo megor ya selos pro-
tó a higinias y a Lui aunque Lu noce si podra
pues si el no trabaga en la fabrica no pochan
yi y esto es lo que leinteresa la bivienda,
i viage pepi lo echo en tren y e pasado
rontera la belga y la francesa alli mis
s tienen un chale y bamos tres beses
ño aquello es un citio mui bonito y
todo mui sano porque ai unas montañas
idor preciosa piensa que abago donde

2

bmadas tiene el chale comen en traga
todo los dia en la terrasa y arriba en
ya está está nebando desde medicos de
bueno y alo que boi alli ai muncho t
para los paletas yo e ablado para e
que es el que entiende de estó y ademas
ciempre me pide para beni aqui de g
tu marido debe decirmelo enseguida p
yo tengo que escrevi al dueno diciendo
bendran tres o uno e quisas ning
alli vienen ya con la pencion pagada
que no tienen que preocuparce de cama
comida y gana de 25 . a . 30 pesetas a
que tienen a sali por 250 . o. 300 a
yo creo que no están mal pagado
españa yo creo que por muncho que t
y por vien que gane no ganas e
pensando precisamenté en buestros cig
debeis de ase un sacrificio pens
el dia de mañana en que teneis la
gacion de educalo como dios m
que es esto lo que telican agradece
seam. onbres o mugere

y decido a su educasion sepa ir por el
mundo y no como nosotros y tantos sotros
pañole que nosomos persona cino animalitos
me doi cuenta ahora demasiado tarde
ando beo crios a que con 10 . o . 12 año se
me dan cieté bueltas a mi que tengo 30
o el rediculo acada paso y no me tengo por
lá cuando ablando con lo señores
o con alguna otra persona me preguntan
yo de españa gamas se contesta al sabe
soi españala lo primero que me pregun-
si se toca las castañuela y tengo que desi
no y si me preguntan algo de la istoria
españa o de la gramatica noce contesta
que gamas doi una respuesta sactifa-
e y es que en españa solo pensamo en crese
multiplicanos y cuando sacamos la cabesa de
augero nos damos cuenta que estamos ciego
no podemos anda por el mundo que está
o de maravillas. yo no quiero ya nada
a mi pero me sacrificare asta el estre-
para dale a mi ya una educasion
fecta y pensando solo en ella y no en

4 mi abandone la lucha en Barcelo
aqui que es donde puedo educala. y n
la chari misma pobre si piensa q
en la maternida yo tan vien estube
no me quede tienes que cria a tu
el pecho y ahotro, tienes que trabag
estó cieté año cin gana ni cinco d
sale cindinero cin ropa cinsabe don
gerle y con un crio ya la comp
yo resivi carta de ella el otro
mandaba una foto pero no me d
de nada y yo le contesto ciendo
de nada tanpoco; alli tube carta
del dueño del despacho de Sal
pide una foto de mari josé y
dice que Saba quiere reconocela
contestado diciendole que yo tengo
que mi ya tiene un nombre mu
que es el mio y que no le ase falt
me dices pepi ci e echo el v
mi coche ya te digo que para
ise en tren y para bini en co
mi ceñores salimos de alli el v
a las dies de la mañana co-

CARTA 5

Bélgica, 23-8-61

Mis queridos hermanos y sobrino, espero que todos se encontréis bien, como es mi deseo. Yo bien, gracias a Dios. Pepi, hoy he recibido la tuya y enseguida te contesto como ves. Me dices, Pepi, que tu marido después de la feria, se irá a Barcelona para ver si se coloca con Luis o con Higinio. Yo he estado en la fábrica donde está Luis y creo que no es sitio para vosotros, aquello es casi enterrarse en vida, el pobre Luis tiene siete hijos, pero vosotros aún no tenéis más que dos y podéis procurar algo mejor, donde está Luis, es para ir viviendo sin morirse de hambre, pero si piensas en prosperar, yo os voy a proponer algo mejor, yo se lo he propuesto a Higinio y a Luis, aunque Luis no sé si podrá aceptarlo, pues si él no trabaja en la fábrica, no podrá vivir allí y esto es lo que le interesa.

De mi viaje, Pepi, lo he hecho en tren y he pasado dos fronteras, la belga y la francesa. Allí mis señores tienen un chalet y vamos tres veces al año. Aquello es un sitio muy bonito y sobre todo, muy sano, porque hay unas montañas rascacielos preciosas. Piensa que abajo, donde tienen el chalet, comen en traje de baño todos los días en la terraza y arriba en la montaña ya está nevando desde mediados de agosto.

Bueno, y a lo que voy, allí hay mucho trabajo para los paleta. Yo he hablado para Higinio, que es el que entiende de esto, y además que siempre me pide para venir aquí. De querer venir tu marido, debe decírmelo enseguida porque yo tengo que escribir al dueño diciéndole que vendrán tres o uno o quizás ninguno. Allí vienen ya con la pensión pagada, o sea, que no tienen que preocuparse de camas ni de comida, y ganan de veinticinco a treinta pesetas la hora, que viene a salir por doscientas cincuenta o trescientas al día. Yo creo que no está mal pagado y en España yo creo que por mucho que trabajes y por bien que ganes, no ganas esto.

Pensando precisamente en nuestros hijos Pepi, debéis de hacer un sacrificio, pensando en el día de mañana, en que tenéis la obligación de educarlos como Dios manda, que esto es lo que te van a agradecer cuando sean hombres y mujeres y decidan su educación si es por el mundo, y no como nosotros y tantos otros españoles, que no somos personas sino animalitos.

Yo me doy cuenta ahora demasiado tarde, cuando veo críos con diez o doce años y me dan siete vueltas a mí que tengo treinta. Hago el ridículo a cada paso y no me tengo por tonta. Cuando hablando con los señores o con alguna otra persona, me preguntan algo de España, jamás sé contestar. Al saber que soy española, lo primero que me preguntan es si sé tocar las castañuelas y tengo que decir que no, y si me preguntan algo de la historia de España o de la gramática, no sé contestar, o sea, que jamás doy una respuesta satisfactoria y es que en España solo pensamos en crecer y multiplicarnos y cuando sacamos la cabeza de ese agujero, nos damos cuenta de que estamos ciegos y no podemos andar por el mundo, que está lleno de maravillas. Yo no quiero ya nada para mí, pero me sacrificaré hasta el extremo para darle a mi hija una educación perfecta y pensando solo en ella y no en mí, abandoné la lucha en Barcelona y vine aquí, que es donde puedo educarla. Y no como la Chari, misma pobre si piensa quedarse en la maternidad, yo también estuve pero no me quedé. Tienes que criar a tu hijo con el pecho y tienes que trabajar durante estos siete años sin ganar ni cinco. Después sales sin dinero, sin ropa, sin saber dónde dirigirte y con un crío, ya la compadezco. Yo recibí carta de ella el otro día y mandaba una foto pero no me dice nada de nada y yo le contesto haciendo ver que no sé nada tampoco.

Ayer tuve carta también del dueño del despacho de Saba, me pide una foto de María José y me dice que Saba quiere reconocerla. Ya he contestado diciéndole que no tengo foto y que mi hija tiene un nombre muy bonito, que es el mío, y que no le hace falta otro.

Me dices Pepi que si he hecho el viaje en coche. Ya te digo que para ir lo hice en tren y para venir, en coche con mis señores. Salimos de allí el viernes a las diez de la mañana.

ÍNDICE

Quiero recordar un poco atrás es el título que la editora LOLA CHÁVEZ ha dedicido darle al cuaderno de su tía abuela MARÍA FRANCISCA MÉNDEZ RODRÍGUEZ; cuaderno que un día ella escribió, probablemente para hacer un simple y sencillo resumen de sus peripecias vitales, sin ser consciente de la importancia que podría tener un documento autobiográfico de estas características, y que, tras estar guardado bajo llave y en un cajón durante más de cuarenta años, logran salir finalmente a la luz en letras de molde y en una tirada de 300 ejemplares que finaliza

el 3 de mayo de 2026,

día de la madre en España, con el deseo y el convencimiento de que rescatar y editar libros como estos supone, no solo una manera de reavivar el pasado, sino también de entender nuestro presente e iluminar mejor nuestro futuro.